诗人那些事儿

夫　子　主编

张艺宁　著

李商隐篇

山东人民出版社·济南

国家一级出版社　全国百佳图书出版单位

图书在版编目（CIP）数据

诗人那些事儿．李商隐篇 ／ 夫子主编 ；张艺宁著．－－
济南 ：山东人民出版社，2022.10（2024.1重印）
ISBN 978-7-209-13676-1

Ⅰ．①诗… Ⅱ．①夫… ②张… Ⅲ．①李商隐（812—约
858）－传记 Ⅳ．①K825.6

中国版本图书馆CIP数据核字（2022）第076217号

诗人那些事儿·李商隐篇
SHIREN NAXIE SHIER LISHANGYINPIAN
夫子 主编

主管单位　山东出版传媒股份有限公司
出版发行　山东人民出版社
出 版 人　胡长青
社　　址　济南市市中区舜耕路517号
邮　　编　250003
电　　话　总编室（0531）82098914
　　　　　市场部（0531）82098027
网　　址　http://www.sd-book.com.cn
印　　装　山东华立印务有限公司
经　　销　新华书店

规　　格　32开（145mm×210mm）
印　　张　6.5
字　　数　110千字
版　　次　2022年10月第1版
印　　次　2024年1月第2次
ISBN 978-7-209-13676-1
定　　价　32.80元
　　　　　如有印装质量问题，请与出版社总编室联系调换。

"飞流直下三千尺，疑是银河落九天。"哇，这是多么瑰丽浪漫的想象！"无边落木萧萧下，不尽长江滚滚来。"啊，这是多么落寞悲凉的情绪！"东风不与周郎便，铜雀春深锁二乔。"呀，这是多么匠心独运的见解！读到如此令人惊艳的诗句，你是否想买一本诗歌集来品一品？

豪迈爽朗的李白，却经常生出淡淡的忧伤；一生凄苦的杜甫，却念念不忘国家和人民；风流潇洒的杜牧，却在军事上才华横溢……面对这些传奇般的诗人，你是否想买一套他们的传记来读一读？

可是啊，当你欣赏诗歌集的时候，虽然能读到诗歌原文、注释、翻译，甚至赏析，但是会不会经常感到与诗歌隔了一层面纱？当你品读诗人传记的时候，虽然书中将诗人的一生记述得清清楚楚，但是会不会经常感到有些疲倦、无法沉浸其中？

你会不会想，有没有这么一套书，能够让自己"一口气"读完诗人的一生，能够沉浸其中，为诗人的欢乐而欢乐，为诗人的忧愁而忧愁；同时，还能读到诗人的经典诗歌，了解这些诗歌是在怎样的背景下、在诗人怎样的心情下创作出来的，与这些诗歌"零距离"接触一番？

相信，这套《诗人那些事儿》能够合乎你的胃口。它一个分册只讲一位诗人，语言通俗又风趣，借用了一些现代流行语汇，同时运用丰富的想象绘制了超多幽默、有趣的插图。而且，中小学阶段必背的这位诗人的诗歌，都包含在其中。每个分册以诗人的生平为主线，串联诗人的经典诗歌，既是诗人的传记，又是诗歌的合集。

在这套书里，你看到的诗人，是有血有肉、有喜有忧的鲜活的人物，如同你景仰的长辈，又如同你亲近的朋友；在这套书里，你读到的诗歌，仿佛是近在你眼前、刚刚沐浴阳光或经历风雨而缓缓绽放的花朵，让你流连忘返，回味无穷。

目　录

第 一 章
少 年 当 家

一说到李商隐，应该没人不会念几句他的诗吧？比如，一到教师节写贺卡，我们就要用"春蚕到死丝方尽，蜡炬成灰泪始干"；说到情深意切、思念之深，我们就会想到"何当共剪西窗烛，却话巴山夜雨时"。李商隐，与杜牧合称"小李杜"，他呀，可是为没落的晚唐时代画卷添上了瑰丽的一页，是当之无愧的"晚唐诗人之光"呢！

李商隐，字义山，生于唐宪宗元和八年（813年），是年近四十的李嗣的第一个儿子，他的出生给这个逐渐没落的家庭带来了复兴的新希望。就像现代的父母们给孩子取名时都望子成龙、望女成凤一样，李嗣对他好不容易得到的长子也寄予了厚望：他希望儿子能像秦汉时代的著名隐士"商山四皓"一般，既有才华，又品德高尚。这就是"商隐"二字的由来啦！

翻遍天下书籍，一定给儿子找个最好的名字！

"商山四皓"是秦朝末年四位信奉黄老之学的博士，后来隐居于商山。后人常用"商山四皓"来泛指有名望的隐士。

而李商隐呢，也确实没有辜负他父亲这一片苦心，小小年纪就特别有出息。当同龄的小孩们还在玩泥巴的时候，小小的李商隐就"五年读经书，七年弄笔砚"，早早地赢在了起跑线上，不得不叫人夸一句"别人家的孩子"啊！

你看看别人家的孩子怎么就这么好学！

综观李商隐的写作风格，很多人都说有江南诗人缠绵朦胧、柔和温婉的风格，但是，想不到吧，他的祖籍其实是河南。

这么说起来，李商隐还是个北方汉子呢！

不过，因为他父亲李嗣做官时，实在是对官场的虚情假意感到失望，所以就任性了一把，任期一满就辞职了，在浙江找了个给人出谋划策的新工作——幕僚。于是，年仅三岁的李商隐就离开了河南老家，全家随李嗣搬到江南啦。

嗯，所以李商隐其实也算半个南方人。

举家搬到江南后，李商隐一如既往地受到父亲的宠爱。李嗣总是尽可能地把儿子带在身边亲自教导，恨不得把小李商隐挂在腰带上，一天到晚都不离开。

而且呀，据说因为李商隐聪明灵敏，李嗣总是向同事们明里暗里地炫耀，每天都很志得意满呢！只是不知道李商隐那时会不会也因为"来，给叔叔表演个节目"这个问题感到苦恼啊。

在江南美丽的水乡中，父慈母爱，兄友弟恭，兄妹和睦，家庭温馨，日子真是越过越有盼头啊！就这样，李商隐度过了他一生中可以说是最幸福快乐的童年时光，优秀地稳步成长着，要成长为家族振兴的新希望！

我当初决定辞官真是英明啊！你看咱家这不是很好嘛！

大哥哥是神童！

大哥哥真厉害啊！

但是，好景不长，李商隐温馨的童年生活被无情打破。在他十岁那年，父亲李嗣不幸生病去世了，这无疑给这个平稳又幸福的家庭带来了致命的打击。

李商隐是家中长子，尽管他当时只有十岁，但他稚嫩的肩膀依然要承担起整个家庭的重担。李商隐在一夜之间被迫长大，成了一个小男子汉，因为他必须尽快接替他父亲的责任，成为李家新的顶梁柱。

李嗣的去世给这个家带来了天崩地裂般的灾难，不仅让寡母与孩子们的心变得破碎、敏感，更让这个失去经济来源的家庭难以维持生计。

毕竟"天大地大，吃饭最大"嘛，于是，守孝结束后的李商隐，急切地以十三岁的低龄，闯入社会讨生活，以填饱全家人的肚子。但是，他只是一个十三岁的孩子啊，那幼小的身躯，瘦弱的肩膀，能做点什么呢？

小贴士

现在，《中华人民共和国劳动法》规定，禁止用人单位招用未满十六周岁的未成年人。雇佣童工是违法行为！

李商隐后来写了一篇祭文《祭裴氏姊（zǐ）文》，在文中，他曾这样描述当时的心境：

四海无可归之地，九族无可倚之亲。既衬〔fù〕**故邱，便同逋**〔bū〕**骇。生人穷困，闻见所无。及衣裳外除，旨甘是急。乃占数东甸，佣书贩**〔fàn〕**舂**〔chōng〕**。**

意思是说，天下四海如此之大，九族亲戚如此之多，我却感觉没有可以安心居住的地方，没有可以放心依靠的家人。我把父亲的棺木安葬之后，就为欠款而感到惊慌。人生在世，陷入这种困难与艰苦中，是我闻所未闻的。服丧结束后，就急着想快点赚到钱赡养母亲、供养弟妹。于是立刻去东甸登记户籍，帮人抄书舂米来赚取工钱。

现在，见过舂米的人应该不多了，见过舂米的孩子更少了。但是，在一千多年前，一个放到现在刚要上初中的孩子，却每天要舂米卖钱，供养一大家子人。舂米可不是在家刷锅洗碗，而是实实在在的卖苦力的工作啊！

经历丧父，经历困苦，过早地从父亲那里接手全家生计的李商隐没有变，他依然是那个优秀的"别人家的孩子"！

舂米是把谷子放在舂米桶内用舂米杵砸出壳的过程。在古代，舂米是一种十分辛苦的劳动，秦汉时，舂米还是一种刑罚，即让罪犯接受舂米这种劳动改造。

尽管唐朝时期已经发明了雕版印刷术，但仍不普及，成本也非常高。书籍要传播，主要由抄书人一遍一遍地抄写。这个工作也很辛苦。不过，好在李商隐从小就开始读书习字了，抄书对于他来说，简直就是小菜一碟！

虽说儿时的爱好已经成为少年时养家糊口的工作，但李商隐并没有自怨自艾（yì），更没有时间伤春悲秋，而是趁着替人抄书的时机，抓紧一切机会阅读那些他渴望阅读但买不起的书籍。

就像玉石总要经历数不尽的打磨才能成为晶莹剔透的美玉一样，李商隐日后成为一代大诗人，抄书的功劳可不能忽视呢！

今天终于可以抄《庄子》了，想读这本书好久啦！

自学成才这种事对李商隐这样的天才来说倒也是顺理成章的。不过，如果能有一位有阅历的老师来引导引导，肯定会给李商隐的学习之路锦上添花，让他少走弯路。

可别说，还真有这么一位教师！他就是李商隐的一位同族叔父。这可不是什么普通人物呢。据传这位叔父才华横溢，但是清高自傲，曾经上过太学却终生隐居，不愿做官，因此人们都尊称他为**李处士**。

小贴士

太学是中国古代设于京城的最高学府。

小子，要想像我一样优秀，你得加倍努力啊！

接受了李处士的倾囊相授后，少年李商隐受益良多，进步神速，不断升级。

受叔父影响，李商隐"能为古文，不喜偶对"，文风质朴，不愿迎合世俗。十六岁时，更是以两篇优秀的古文体文章《才论》《圣论》在盛行辞藻华丽的骈文的晚唐轰动一时，让许多人都对这个少年欣赏得很。

　　虽说这两篇文章并没有流传下来，但我们依然可以想象那幅景象——少年终成名，自有他的一番风流！

第 二 章

幸 逢 忘 年

上章说到，李商隐已经十六岁了，像每一个心有鸿鹄壮志的少年一样，他来到了东都洛阳，打算寻求自己的机遇。但是，不久后发生了一件令他痛心不已的事，他的启蒙恩师——叔父李处士去世了！

恩师的离世对李商隐而言是一个巨大的打击。不过，在失去叔父的这一年，李商隐结识了他人生中最重要的忘年交——对他有知遇之恩的朝廷重臣令狐（líng hú）楚。这时候的令狐楚可都超过六十岁了呢！

 小站士

"忘年交"指的是不拘年岁行辈差异而结交的朋友。

可能同样是从小就过于优秀的"别人家的孩子"，五岁作辞章、二十中进士的令狐楚打从心底就欣赏李商隐，毕竟，他俩可都是天才啊！

我从小就被叫神童……

我小时候也是神童！

16岁　　　60+

于是，在遇到忘年好友且此人还恰好十分有才华的双重喜悦之下，令狐楚立刻聘请李商隐加入自己的幕府。

要知道，一般只有通过科举考试的人才有资格进入幕府。李商隐当时还是个初出茅庐的"小白"，被令狐楚这样破格任用，完全就是一个大写的肯定！

令狐楚对李商隐还是相当不错的，与其说李商隐是个有助于他发展事业的下属，不如说是他爱护器重的子侄小辈。

说起来你可别不信，令狐楚这样一个大忙人，还是个高官，不仅亲自教李商隐写应举骈文，还支持李商隐和令狐家的子侄们一起游学，甚至还带着李商隐结交白居易等名流，简直是把偏爱展示给所有人看，让别人怎一个羡字了得！

不过啊，要是有人问李商隐："幕府里有偏爱你、支持你的令狐楚，你还可以直接与令狐家子弟交往，结交名流高官，那，你还有必要耗费时间精力参加科举考试吗？"

李商隐的回答一定是："有必要，很想考。"

李商隐这个人可是很清醒的，也可以说是"没安全感"。他知道别人给的总有收回去的时候，只有自己考出的成绩才是真正靠得住的。

这两年，李商隐追随着令狐楚，一直在幕府之中工作。但是，他对功名与前途的急切已经很明显了——请看他当时写的这首《无题》诗：

八岁偷照镜，长眉已能画。

十岁去踏青，芙蓉作裙衩。

十二学弹筝，银甲不曾卸。

十四藏六亲，悬知犹未嫁。

十五泣春风，背面秋千下。

八岁时小姑娘喜欢偷偷地照镜子，已经能把自己的眉毛画成长眉。十岁到野外踏青，想象着用荷花做成自己的衣裙。

十二岁开始学弹筝，套在手指上的银甲一直没脱下来。十四岁时，要避免见到男性，连最亲的人也不能见，这时她可能在猜想何时出嫁吧。十五岁时，她背对着秋千，在春风中哭泣，担心春天就这样消逝。

没错，这首诗中的待嫁少女，哦不，简直是"恨嫁"少女，正是暗指李商隐自己。他以"恨嫁"少女自比，隐晦地说尽了对前程的期盼与渴望——什么时候能嫁人呢？也就是说，什么时候能考取功名啊？

实际上，李商隐一直在为步入仕途做准备。那时的他显然是骄傲的，毕竟这般的才华，无论在哪里，都会像捂不住的夜明珠一样，大放光彩，所以科举及第，对他来说已经是胸有成竹了。

他曾写了一篇《**谢书**》向令狐楚表达自己的踌躇满志：

微意何曾有一毫，

空携笔砚奉龙韬。

自蒙半夜传衣后，

不羡王祥得佩刀。

心中惭愧丝毫没有报答您的深恩，只能空拿着笔砚侍奉在您身边。自从您传授了我为文的方法后，即使是王祥得到佩刀这样的事也不能让我羡慕。

而令狐楚向来是支持李商隐的，他怎么会不明白李商隐想求取功名的迫切之心呢？于是，在令狐楚的儿子令狐绹（táo）进士及第的那年，他立刻安排李商隐进京，准备次年春试。

第三章
才子落第

上章说到，令狐楚已经送李商隐进京准备春试了。

春试，这要是放在普通人身上，可能还是要紧张一下的，怕考题是自己没准备过的方向啦，或者怕遇到什么超纲还刁钻的题啦……但是这事儿放在李商隐身上，那顶多寻思一下中了进士之后，遇到别人道喜，该怎样笑得三分胸有成竹、三分漫不经心还带着四分谦虚上进——总而言之，就是这么自信。

但是，谁也没想到，大和五年（公元831年）到大和七年（833年），李商隐连着考了三次，竟然次次落榜！

这接连三次落榜简直叫李商隐欲哭无泪，再自信的人也不得不怀疑人生了：之前那么多人夸我有才华，都是假的吗？苍天负我啊！

小贴士

李商隐参加的科举考试为"常科"，多在春天举行，所以也称春试。在当时常科是每年一次的，因此李商隐连续参加了三年。

其实，李商隐完全不必质疑自己的才华，他的诗文哪个读了不说一句妙呢？且看这首，据传是他在应举时住的客栈里，和其他考生一起以《**木兰花**》为题作来助兴的诗：

> 洞庭波冷晓侵云，
> 日日征帆送远人。
> 几度木兰舟上望，
> 不知元是此花身。

洞庭湖水在早上十分寒冷，像要冷透天上的云，每天都扬帆疾驶的航船送走远去的旅人。我几次登上木兰舟向远处眺望，却不知道原来这船儿取材于木兰花。

唐朝的科举，是万里挑一地选拔优秀人才，所以那一日出现了多少朵木兰花，谁也不知道。咱只知道那会儿的诗人才子们都很有眼光，让李商隐这朵流传至今了。

所以你看，谁不折服于李商隐的才华？

　　不过有的时候，就是会发生一些离谱的事情：这天下人几乎都折服了，可偏偏李商隐的每一任主考官都不喜欢他，这谁知道了不说一句"点太背了"？

　　李商隐自己后来也明白了自己的"点背"，在自己的散文《**上崔华州书**》里记录"委屈"：我一开始被原来的贾相国讨厌，所以贾相国做主考官的那三年，我连考三次都没通过；后来病了一年没去，再去的时候赶上崔宣州，他也不喜欢我，就又没过。

不过啊，李商隐考不过可能也不光是因为主考官不喜欢他，应该还和当时的一些"不正之风"有关系。

因为唐朝科举有"行卷"习俗，这就为徇私舞弊找到了"完美"的借口，提前写点隐晦的拍马屁的诗给主考官送去的也就算了，还有些过分的直接贿赂主考官，打算花钱买名次。

而咱们李商隐呢，向来是世俗中的一股清流，他不愿意拍马屁，更不愿意行贿，自然就格格不入了。

小贴士

　　唐朝的"行卷"习俗简单来说，就是考生交的卷子不需要把名字糊起来，考官批卷子时有权考虑自己了解的考生平常的作品与风评，再综合考卷的水平定出最后名次。

　　李商隐是个脸皮薄的读书人啊，他要面子的。可是，现实让他不得不放下自尊，寻求别人的帮助。他在第二次没中之后，给令狐楚写过求助信。

毕竟令狐楚对李商隐向来都很好，就连当初调任都没忘了给他安排好第二次考试的事情。虽然……第二次他又没考中。

李商隐那时厚着脸皮，借恭喜调任的话题恳求令狐楚的再次支持，他写下《**上令狐相公状**》，其中辞藻华丽，对仗工整，但是在那样文绉绉的句子下，其实藏着相当直白的心声：再帮我一次吧！我发誓下次一定行！

但是，不出意外，李商隐又没考中。

其实，贾相国在李商隐第一年考科举的时候就不喜欢他，三年主考官又一直是贾相国，连着考三年就更不可能喜欢了。只可惜那时候李商隐还年轻，看不懂个中道理，只以为自己求来令狐楚美言两句就能过了，谁知人家贾相国根本不吃这套。

本来认为是小菜一碟的事情却连着失败三次，从前的天之骄子怎么接受得了呢？李商隐自然是大受打击，逐渐消沉了下来。

　　而这时还有一件事，直接给他来了个双重打击，那就是，令狐楚被调入京城做官了。但京官是不许有幕府的，因此令狐楚的幕府自然就解散了。

　　李商隐没名没分，功名没考上，官也做不得，还有什么脸留在京城？因此心灰意冷之下，他干脆直接回老家了。

不过，山重水复，总还是有柳暗花明的时候。在这时，李商隐遇到了仕途中的第二位贵人——华州刺史崔戎。他像令狐楚一样，邀请李商隐进入幕府，不但不用李商隐干苦力活儿，还给了李商隐各方面的资助。

同样是忘年交，和令狐楚相比，李商隐与崔戎的相处更多了一份轻松自由。据说，崔戎还常常对李商隐的新诗赞叹不已，满口"彩虹屁"呢。

遇到崔戎，可以说是当时科举连连失意的李商隐心中最大的慰藉了。

在崔戎的帮助下，李商隐写的诗自然是越来越妙，科举失利的伤痛也暂时被他抛在脑后。从当时李商隐写的《**牡丹**》一诗中，便可看出他华美绮丽的诗风。

锦帏初卷卫夫人，绣被犹堆越鄂君。

垂手乱翻雕玉佩，招腰争舞郁金裙。

石家蜡烛何曾剪，荀令香炉可待熏。

我是梦中传彩笔，欲书花叶寄朝云。

卷起织锦的帘帐，是美丽的卫夫人；丝绣的披风围着的，是俊秀的越鄂（è）君。好像是在垂手舞蹈，雕玉佩饰零乱翻动；又像是在扭腰舞蹈，郁金裙子纷纷回旋。如同富豪石崇家的蜡烛，哪里需要经常剪去烛芯？如同美男子荀令君的体肤，哪里要用香炉来熏染？我是在梦中得到诗人江淹的那支彩笔，想把诗句写在花叶上寄给朝云。

牡丹在李商隐笔下，如同天上的仙子，梦幻、唯美，寄托着他心中对艺术与美的无上追求，这也正体现了当时李商隐的精神世界是美好的，无忧的。如果他每天还要为生计前途担忧，如何能写出这样美丽的诗句？

可惜，好景总是不长啊，这还没到一年，崔戎就被贬了，去的还是偏远荒凉的兖（yǎn）州。身为幕僚之一，李商隐自然要跟随。在兖州时，李商隐从短暂的逃避现实生活中清醒过来了。毕竟自己也二十多岁了，老大不小的一个成年男子，却一事无成，找不到工作，谁能不着急啊？

在兖州的一场宴席上，李商隐以吃嫩竹笋的事儿赋诗一首，顺便抒发一下自己酸楚的心情。这首诗就是《初食笋呈座中》：

> 嫩箨香苞初出林，
> 於陵论价重如金。

皇都陆海应无数，

忍剪凌云一寸心。

箨（tuò）：竹笋上一片一片的皮。

幼嫩的新笋刚出竹林，把它拿到於（wū）陵市中议价，贵重得如同黄金。京城附近竹林多得数不清，怎么忍心剪断有凌云之心的新笋呢？

最后这两句简直把李商隐心中的委屈和心酸说尽了。城边茂密的竹林数不胜数，为什么非要剪我这棵要长成凌云大竹子的新笋呢？尤其这个"忍"字用得精妙啊，就好像李商隐跳出了纸面，声泪俱下地控诉那些不能赏识他才华的人："你！你！你！你怎么忍心啊？"

然而，这边刚抒发完苦闷，那边晴天霹雳又来了。

谁能想到崔戎刚上任不久就病逝了呢？李商隐伤心极了，他写下《安平公诗》来缅怀崔戎，可斯人已逝，无可奈何，他便又成了一个漂泊的人。

大和九年（835年），他第四次去考科举，遇上了讨厌他的崔宣州做主考官，又没能考中。

第四章
痴情知音

上章说到，李商隐五年间考了四次科举，次次没中，十分失意。但是，大家是不是觉得奇怪，为什么大和八年（834年）的科举他没有参加呢？

要是你去问李商隐本人的话，他八成会尴尬地看看天看看地，然后小声回答说："哎呀，那是因为那年我不巧生病了啦，这才缺考的，我本人也很遗憾啦！"

不过，这种表面话怎么能瞒得过我们呢？嘿嘿，让我们一起来"扒一扒"李商隐在大和八年究竟发生了什么吧！

其实，大和七年（833年），李商隐第三次名落孙山之后，就十分落寞地回老家了。这一年，他二十一岁。从那时一直到大和九年（835年）春试前，其实算起来有近两年的时间，那么这期间他到底经历了什么呢？

在经历了科举的多次"毒打"后，李商隐的心灵已经遍体鳞伤了。心理健康当然是不容忽视的啦！李商隐日常要做的事少不了向自己传递正能量，抚慰自己连着三次考试都没中的心痛。

再者呢，就是上章也提到过的崔戎崔大人了。当时李商隐很有才华这一点大家都是知道的，而且十分认可，因此他也被许多爱才的地方官员引荐。也是因此呢，他才结识了崔戎。不过，很遗憾的是，李商隐也就跟着崔戎过了大概一年的好日子便痛失忘年交了。

大约是在大和八年（834年）夏秋之交，他又过上了无依无靠漂泊于天地间的苦日子，秋天，他写下《**宿骆氏亭寄怀崔雍崔衮**（gǔn）》——不知崔戎的两个儿子，我胜似兄弟的好友们，如今都怎样了呢？

> 竹坞无尘水槛清，
> 相思迢递隔重城。
> **秋阴不散霜飞晚，**
> **留得枯荷听雨声。**

迢递（tiáo dì）：遥远的样子。

竹林清新无尘，临水的骆氏亭十分清静。我的相思之情飞向远方，却隔着重重的高城。深秋的天空一片阴霾，霜飞的时节也来迟了。水中的荷叶早已凋残，只留了几片枯叶好让人聆听雨珠滴响的声音。

其实，干枯的荷叶本来是没有什么留存的意义的，但是，它们在李商隐思念友人时，为满心都是悲伤的他送上了一份听雨的雅趣。但独自听雨，无人共赏，难免还是孤独，因此他对友人的思念也更上一层楼了。

而且，在古时那种音信都难通的状况下，再与朋友相见恐怕也不知是何时了。生活的四十米大砍刀已经架在了他的脖子上，颤颤巍巍的李商隐只好自己去寻求一些安慰。

生活还是对我这只小猫咪下手了！

在这段时间里，李商隐写出了著名的《燕台四首》，许多学者都试图解析这四首朦胧梦幻的诗是因何而写、为谁而作，但是至今也没有定论。

被认同较多的一种说法是，这四首诗抒发的是对思慕的少女一年四季的相思之情——春季的寻觅与思念，夏季的孤寂与期盼重逢，秋季的回忆与想象，冬季的情断心死。

换个角度想，这个追求心上人却连遭失意，最终情断心死的人，不是更像在科举之路上屡屡失败、心灰意冷的李商隐本人吗？

燕台四首·春（节选）

雄龙雌凤杳何许，絮乱丝繁天亦迷。
醉起微阳若初曙，映帘梦断闻残语。

愁将铁网罥珊瑚，海阔天翻迷处所。
衣带无情有宽窄，春烟自碧秋霜白。

罥（juàn）：捞取。

男子和心爱的女子哪能相会呢？柳絮被风吹得铺天盖地，迷乱的脚步不知去哪里。醉酒初醒，以为残阳是清晨的曙光，照入帘子中，好梦中断了，耳边还依稀听到她的声音。愁得将一张铁网沉入海底去捞珊瑚，却不知道把这铁网抛往茫茫大海的何处。衣带没有感情，有宽有窄，春烟自有它的碧绿，秋霜自有它的苍白；春景也像是秋霜，让人感到凄凉憔悴。

让我们一起来看看这首诗。李商隐先是抱怨，柳丝柳絮被风吹得漫天都是，阻挡我看心上人的视线！我和心上人怎么始终有着一段距离，根本无法触碰呢？哎呀，喝醉了也忘不掉啊，看我醉了做梦都在想你！这想你想得，我人都瘦了啊，衣服带子也显得宽了，都系不紧了！

但是，将追逐科举的李商隐代入，画风就变得让人有点忍俊不禁：我和科举怎么离得这么远啊！根本考不中啊！哪怕喝醉了满脑子还都是准备春试的事儿，我人都学瘦了！

然后，就是他写的《燕台》中的夏季篇。夏季，正是科举春试结束后的下一个季节。李商隐写诗有一个特色，那就是大多数诗里都用了许多各种"小众"并且难以理解的典故，不是阅读量非常大的文化人还真欣赏不了李商隐写的诗。他在夏季篇中就用了很多的典故，看起来很有内涵的样子。

别看写了这么多华丽的文字，其实啊，他想表达的只有一句话：心上人走了，想她想她想她，啥时候能再见一面啊？

当然啦，我们也可以解读成：

到了秋篇和冬篇，还是熟悉的李商隐式"典故套餐"，尤其是冬篇，什么"芳根中断香心死""蜡烛啼红怨天曙"，把一个人心如死灰的心情写得淋漓尽致。

你看，虽然乍一看看不懂他在写啥，但是悲痛的感情确实是传达到位了！

一首诗里扑朔迷离又唯美梦幻的典故多了，会造成什么后果呢？答案那是很显然的嘛：很少有人能看懂呀。所以《燕台》四首自然也难逃许多人压根儿读不明白的命运了。

但是啊，在一堆人都看不懂的情况下，突然有一个人不仅看懂了还被深深触动了，那对于李商隐来说得是多大的快乐啊！简直就是千里马遇到了自己的伯乐！尤其是那时的李商隐，正是被科举"啪啪打脸，接连否定"的状态，这份"肯定"一来，自然堪比雪中送炭了。

那么，这位伯乐是谁呢？想不到吧，她可不是令狐楚与崔戎那样的"忘年交"，而是一位芳华正茂的姑娘！这位姑娘的名字，叫作**柳枝**。

而李商隐与这位"知音姑娘"的结缘，其实还要多谢他的堂兄，李让山。

大和九年（835年），一个春光明媚的日子，李商隐进京赶考途中路过洛阳，客居在堂兄李让山家中。这位堂兄特别欣赏李商隐的才华，随时随地都要把堂弟的新作拿出来吟咏一番。

嘿，就是这么巧，一次，李让山在柳树下吟咏《燕台》，竟然吸引来了这位与众不同的姑娘——

柳枝当时恰好就在柳树后的墙根下，听了《燕台》

后，简直惊为天"诗"，连隔着面墙都不顾了，连声追问李让山："墙外的大哥！这诗是你作的吗？我能见见你吗？简直写得太好啦！"

李让山听到堂弟大作这样受人喜爱，自然也很高兴，便骄傲地回复："是我堂弟李商隐作的，他可是个大才子呢！"

啊啊啊啊！写得太好啦！简直是我偶像！我可以和他见面吗？

得知竟然有这样一位"知音"欣赏自己的《燕台》，李商隐心中说不高兴那肯定是假的。但是在古时，未婚男女一般是不允许私自见面的，那可怎么办呢？

嘿嘿，柳枝可不是一般的拘泥小节的姑娘啊。柳枝家是洛阳富商，父亲曾因出海经商意外去世，但家中母亲和兄长们都很疼爱她，因此柳枝生活比较自由，做事不怎么墨守成规。

很快，李商隐就与这位"小迷妹"兼"知音"见面了。

和柳枝交流诗歌，对于李商隐来说，肯定是又新鲜又快乐的。李商隐从来没有遇到过这样一位欣赏他、理解他的姑娘，很是感动，也深深地受到了柳枝的鼓舞。

　　可以说，柳枝是李商隐"情窦初开的对象"。然而，两人却没能比翼双飞。

　　当时，李商隐正要去参加第四次春试，以实现自己的抱负，正是人生关键的时刻，最终决定先放下这段感情。

　　于是，当柳枝约李商隐上巳（sì）节同游河边时，李商隐找了个借口提前跑了："抱歉啊柳枝姑娘！我朋友带着我的行李先跑了，我得去追他！"

　　听听这理由！是不是很离谱？唉，柳枝姑娘终究还是错付了啊！

不知道李商隐有没有后悔没去见柳枝最后一面，毕竟第四次科举还是遇上了不喜欢他的主考官，怎么都是过不了的，还不如去跟柳枝见一面嘛。

后来，他向李让山打听柳枝姑娘的下落，却被告知她已经嫁给了一个节度使做妾。

想来，李商隐还是遗憾的。他最终写下了一组五言诗《**柳枝**》，托付给李让山带回洛阳，写在柳枝与他结缘的那面柳树下的墙上。

花房与蜜脾，蜂雄蛱蝶雌。
同时不同类，那复更相思。

本是丁香树，春条结始生。
玉作弹棋局，中心亦不平。

嘉瓜引蔓长，碧玉冰寒浆。
东陵虽五色，不忍值牙香。

柳枝井上蟠，莲叶浦中干。
锦鳞与绣羽，水陆有伤残。

画屏绣步障，物物自成双。
如何湖上望，只是见鸳鸯。

护卫着鲜花的花房和蜜蜂酿蜜的蜂房，蜜蜂中的雄类和蝴蝶中的雌性。虽然同时存在但不是同一物类，哪还能再相互思念呢？

本来是丁香树，春天，树的枝条长出来结成了丁字结。用宝玉做成的弹棋的棋局，中心高于四周难以平缓。

好瓜拉着长长的藤蔓，像碧玉一样冰清玉洁。东陵侯种了五色的瓜，却不忍心让它仅值一次牙口的香甜。

柳枝在水井边盘踞，荷叶在池水中干枯。彩色的鱼和美丽的鸟，一个水中生，一个陆地长，二者不同类，永难交会。

彩画屏风和锦绣的步障幕布，物物都成对成双。为什么向湖水上一望，就只看见成对的鸳鸯呢？

简单来说，这组诗总的意思就是，你是商女，我是读书人，阶层不同，我们很难走到一起。你很好，可是如果我就这样娶了你，才是在耽误你的大好青春啊！况且，我也不能因为贪一时的快乐就放弃自己的前程啊。唉，你我实在难以双全，我也不想辜负你的好意啊，这世间的爱情怎么这么难？

也不知道柳枝姑娘最后见到这份"解释"没有，总之这段短暂的感情就这样遗憾地结束了。柳枝，就这样成了李商隐的过客。

　　现在大家知道李商隐在这将近两年的时间中都做了什么事吧？哈哈，其实他的经历还蛮丰富的呢。

　　不过，要真的细究他为何不参加大和八年（834年）的科举，可能主要是多次失败后需要时间重振信心吧。"生病"只是一个好听一点的借口，但咱们要照顾他的面子嘛，可不能拆穿他呀！

第 五 章
修道路茫

前面说到，李商隐第四次科举考试也失败了。在接连四次的科举失利后，李商隐做了什么事呢？

其实，简单地用一句话来概括就是：他去修道了。

不过大家也别误会了啊，李商隐可不是经历这么几次挫折就彻底心灰意冷，对这个世界绝望，大彻大悟"出家"去的人呀！他可坚强着呢！

说起来，李商隐这种修道，是唐代独有的一种小众"出路"。在唐代，道教地位很高，修道也成了一种时尚。因此，科举不行，李商隐就打算改成修道入仕，毕竟人要懂得变通嘛。再说了，哪怕没法入仕，有这么个经历，丰富一下简历也成啊！

老话说得好，条条大路通罗马！这条不行就换一条！

你从哪儿听来的外国老话啊！你想说的是"殊途同归"吧！

小贴士

唐朝王室自称是道教始祖李耳，也就是传说中的太上老君的后裔，因此唐朝自开国后即尊崇道教，修道也就成为当时的时尚。

当时李商隐还专门写了首《**东还**》，说自己其实早就想修道啦，而且还特有这方面的天赋，都怪科举给他耽误了。十年来他天天在梦里采仙灵芝，这得是多大的缘分呐！他得赶紧去修道，就像是回家一样。

东 还

自有仙才自不知，

十年长梦采华芝。

秋风动地黄云暮，

归去嵩阳寻旧师。

自己有仙人的才能自己却不知道，十年来常在梦中采摘那名贵的灵芝。秋风席卷大地，满天黄云，暮色苍茫。还是归去吧，回到嵩阳去寻找我的旧师。

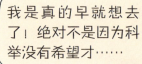

我是真的早就想去了！绝对不是因为科举没有希望才……

没错没错，我们都相信了（才怪）。

很快，把场面话都说完了的李商隐就如愿以偿地去修道了。他选择的仙山呢，是当时比较有名的玉阳山。

玉阳山是一座离洛阳很近的道教著名仙山，并且这座山上的众多道观中，有两座的来头很不一般：一座是玉真公主所建的灵都观，另一座就是李商隐要去的清都观，而清都观的主持也是一位公主，只不过辈分比玉真公主要低些。

山上既然有公主，那肯定就需要一些侍女随时服侍左右啦。因此玉阳山上，还有许多被公主带来的侍女，她们大都是正值青春年华的宫中女官。

小贴士

　　女官，指的是有一定品秩，有俸禄的高级宫女。她们的工作包括管理下级宫女，照顾公主、皇子等的生活起居。

　　这其中，就有一位叫**宋华阳**的侍女，是现在多数学者认为的李商隐"修道"期间的绯闻对象。

李商隐，你来说，这个故事告诉我们什么？

嗯……不要谈恋爱？

错！是不可以谈恋爱的时候不要谈！脑子里面要想正事儿啊！

这段故事是怎么开始的呢？其实现在还是以猜测为主的，毕竟这段感情的存在并没有被史书明确地记载过，后人也只能从李商隐在这段时期写的诗歌里找找蛛丝马迹啦。

他写过一首诗，叫作《**月夜重寄宋华阳姊妹**》：

偷桃窃药事难兼，
十二城中锁彩蟾。
应共三英同夜赏，
玉楼仍是水精帘。

偷桃和窃药是两件美事，可惜凡尘生活和修道成仙难以两全。道观的十二楼中幽居着青春少女，就像幽禁在月宫中的彩蟾。本来我应邀请其中的女子一起欣赏月色，那华阳观的玉楼，像水精帘一样将我阻挡。

正是从这首点名道姓的诗中，许多人推测宋华阳就是李商隐当时爱慕的女子。而除去该诗中的典故，这首诗的大致意思就是：我想邀请你同我一起赏月。

　　当时的李商隐可以说是文思泉涌，"修道"的短短一年中，写了大量以"相思""等待""离别"为主题的诗歌——这也是许多学者坚信李商隐绝对在谈恋爱的原因。

比如，在《**碧城三首**》的第一首中，李商隐写道："**若是晓珠明又定，一生长对水晶盘。**"就是说，如果我们的感情能像明亮又恒定的珍珠就好了，那我们就可以一起一生一世在水晶盘中长相厮守。

再比如，在《银河吹笙》中，李商隐写道："**不须浪作缑（gōu）山意，湘瑟秦箫自有情。**"就是说，不需要像王子晋一样在缑山成仙，湘瑟和秦箫自有一番情意。

当时的李商隐啊，简直是被爱情"蒙蔽"了双眼，他想，成仙能有啥意思？还不如让我的心上人高兴来得重要呢。

还有，他在《碧城三首》的第三首中也曾忧虑过自己瞒着"上头"偷偷恋爱，万一暴露了咋办："**武皇内传分明在，莫道人间总不知。**"就是说，那汉武帝与西王母，人神相恋多么神秘！如今《汉武帝内传》传世，还有什么隐秘之事，能瞒过人间呢？

哎呀，他这可说对了！你看，虽然他当时瞒过了所有人，但是现在的我们不也从当时的诗歌中猜出了他的恋情吗？千万不要小看后人的推理研究呀！

李商隐还有一首很著名的《**嫦娥**》，也是作于此时。

> *云母屏风烛影深，*
> *长河渐落晓星沉。*
> *嫦娥应悔偷灵药，*
> *碧海青天夜夜心。*

云母屏风上烛影暗淡，银河渐渐斜落，晨星也渐渐隐没。嫦娥应该后悔偷吃了长生不老之药，如今空对着碧海青天夜夜孤寂。

这首诗的表层含义还是比较清楚的，就是在咏嫦娥。李商隐猜测，嫦娥如今独自忍受孤单的滋味儿，肯定不好受吧！但是，这首诗的深层含义到底是什么？后人对此也没得出一个定论。

有人猜测李商隐是在讽刺虚妄，探讨生命哲学，因为孤独寂寞的长生没有意义，还不如在短暂的生命中活出无限精彩；有人猜李商隐自比嫦娥，实际上说的是自己也很孤单；有人想李商隐是不是在歌颂女子修道呢？还有更离谱的说法是，李商隐在歌咏与意中人私奔的行为，这恐怕李商隐本人听了都得大受震撼吧。

你们想的真是比我这个写诗的还多！

不过啊，不能因为大家都觉得李商隐此时是在谈恋爱，就非说他的这首诗也和这份感情有关，写诗的笔握在李商隐手里，人家想写啥就写啥，对吧？

而我们呢，只负责欣赏这首传世名作就好了，合理的猜想可以有，但是千万不要无端争论，也不要强行要求别人认同，小心把李商隐气得半夜到你梦里跟你辩论噢！

同样作于此时的四首《**无题**》更是李商隐的经典作品，我们来看看前两首：

无题（其一）

来是空言去绝踪，月斜楼上五更钟。

梦为远别啼难唤，书被催成墨未浓。

蜡照半笼金翡翠，麝熏微度绣芙蓉。

刘郎已恨蓬山远，更隔蓬山一万重。

你说前来相会竟都是空话，一去之后便再无踪影；我一直在楼上等到残月西斜，直到传来五更的钟声。在梦里因为离别感到伤感，不禁流下泪来，沉浸在悲伤中，甚至久唤难醒；醒后才匆忙提笔书写信笺，墨都还没研浓。残烛半映着饰有金翡翠的被褥，兰麝（shè）的香气熏染了被褥上刺绣的芙蓉。当年的刘郎，都不禁怨恨那蓬山遥远；而你去的地方，比蓬山更加遥远，好像隔着万重岭一般！

在这首诗中，李商隐清晰地意识到自己与心上人的距离竟如此遥远——看最后一句的典故便知：从前有个姓刘的人和他的朋友到仙山上采药迷路了，遇到了两位美丽的女子。四人一起生活半年后，刘郎与朋友终于找到下山的路，一下山却发现，山下的子孙已经经历了七代人，而他们再想返回仙山，却找不到那两位女子了。

　　李商隐与他的心上人的距离，比刘郎二人与仙女的距离还远一万倍！可见这份感情是多么令李商隐感到担忧啊。

刘郎二人与仙女的距离　　　　李商隐与心上人的距离

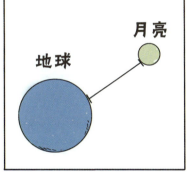

无题（其二）

飒飒东风细雨来，芙蓉塘外有轻雷。

金蟾啮锁烧香入，玉虎牵丝汲井回。

贾氏窥帘韩掾少，宓妃留枕魏王才。

春心莫共花争发，一寸相思一寸灰。

东风飒飒，蒙蒙细雨飘洒，荷花塘外有阵阵轻雷传来。金蟾啮（niè）锁的香炉散发着香气，沁人心脾，形似玉虎的辘轳，牵引绳索，汲（jí）取井水。贾氏隔着帘子偷窥英俊年少的韩掾（yuàn）（即韩寿），宓（fú）妃赠送玉枕来表达对曹植文采的钦意。向往美好爱情的心愿千万不要与春天的花朵争荣竞发，免得使我的寸寸相思，都化成了寸寸灰烬！

李商隐写的关于爱情的诗，多是带着一点悲剧色彩。而本诗中的悲剧色彩，主要看尾联。

春天正是百花开放的时节，李商隐在诗中赋予春天追求爱情的"心动"，使原本就美好的春心更加可爱，而将香烧成灰比作相思的无望，这种抽象与具象的碰撞更加令人为美好事物的毁灭而感到心痛和惋惜。

最近心情好，感觉花都变可爱了！

当然，怎么能忘记李商隐最有名的那首《**无题**》诗呢？

相见时难别亦难，东风无力百花残。
春蚕到死丝方尽，蜡炬成灰泪始干。
晓镜但愁云鬓改，夜吟应觉月光寒。
蓬山此去无多路，青鸟殷勤为探看。

想要与你相见很难，但要与你离别更难，东风无力，百花凋谢。春蚕结茧到死时丝才吐完，蜡烛烧成灰烬时，像泪一样的蜡油才能滴干。早晨照镜梳妆，看到鬓发如云，容颜不再，为此感到十分担忧。漫漫长夜独自吟诗，只感到月光的寒意侵袭而来。蓬莱山离这儿不算太远，却无路可通，希望有青鸟一样的使者，能够殷勤地为我前去探看。

"相见时难别亦难"，这句话说出了多少人的心声啊！但是这首诗可不是只有这一句名句，它句句都是经典！

与现在大家都认为的"歌颂老师的辛苦付出"意义不同，"春蚕到死丝方尽，蜡炬成灰泪始干"这句诗最初的意义其实是在说"思念"。

你听，这份李商隐式的深情：我对你的思念，就像春蚕吐丝一样至死方休，就像蜡烛燃尽自己才不再流泪，这份思念贯穿了我的一生。

这诗读出来，哪个姑娘能不感动呢？

看看我们文化人是怎么讲思念之深的，你们就只会说"我想你了"。

可惜的是，他们短暂的恋爱很快就以悲剧草草收场了。当然，这个悲伤的桥段并没有被哪本史书明确记载下来，而是后来的学者们在李商隐的诗作中推断出来的。

可能啊，宋华阳根本没来得及读到这首《无题》，就被送走了。毕竟，《无题》的最后一句说，蓬莱山并不远，却无处可通，李商隐甚至要把与宋华阳再见的希望寄托在神话传说中的青鸟身上，可见当时二人应该是正经历着离别之苦，而且恐怕一辈子都不能再见面了。

后来还有一些如《圣女祠》和《重过圣女祠》的诗，其中的一些诗句也从侧面证明两人已经分开了，一个被遣送回宫，一个还是连功名都没有的老百姓，可以说是分得不能更开了。于是乎，这段持续可能还不到一年的感情被迫结束了，李商隐只能无奈地继续奔向自己的前程。

没错，想不到吧！李商隐他又去考科举啦！你说，这次他到底能不能中了呀？

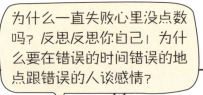

第六章
终于及第

嘿嘿，看到本章标题，大家应该就知道了，二十五岁了啊，李商隐这第五回科举终于中啦！你们猜对了吗？

也不知道终于实现科举梦的李商隐，有没有像范进一样高兴疯了？咱们李商隐可是想干大事的人，应该不至于那么没出息吧！

　　"范进中举"的故事出自清代小说《儒林外史》。主人公范进从二十岁就开始考秀才，考到五十四岁才成功，接着又考中举人。得知自己中举后，他拍着手笑道："噫！好了！我中了！"然后就被刺激得疯傻了，后来被岳父胡屠户一巴掌扇醒。

　　不过啊，这次李商隐中举可不是他撞大运遇上了喜欢他的主考官，李商隐运气并没有变好，他这一次能中，还得多谢令狐绹的帮忙。

　　大家应该还记得令狐绹吧？他是令狐楚的儿子。

判断题：
李商隐中举要依靠什么？
①依靠自己的真才实学折服考官 ×
②找人（令狐楚/令狐绹）替他美言两句 √

李商隐中的是开成二年（837年）的春试，而他在开成元年（836年），曾写了封《别令狐拾遗书》的信给令狐绹，信里先发了点怀才不遇的牢骚，之后就是委婉地希望令狐绹能帮他在主考官面前美言两句，毕竟也是好几年的交情了，是吧？

想来李商隐也是认命了，不想再考这种"先走流程再失败"的试了，既然没有办法凭借自己的实力成功，而且又有说得上话的朋友，那干吗不用呢？

你总算想起我来了！

我过得很惨，兄弟，帮个忙呗。

后来事情走向就非常顺利了，令狐绹非常给力，特够意思。那年春试前，主考官高锴（kǎi）跟令狐绹关系很好，就特意去问他："八郎之友谁最善？"令狐绚果断地说："李商隐。"高锴可能是不太喜欢李商隐，就又问："还有呢？"没想到令狐绚依然回答："李商隐。"据记载，高锴前前后后共问了令狐绚三次，但令狐绚每次都坚定答道："李商隐。"

话都说到这份儿上了，高锴自然懂了。所以这事儿就妥了。太感人了！李商隐终于实现了科举梦，终于高中了啊！

别说了，就是李商隐，重要的事情说三遍！

唉，那你说李商隐就李商隐吧。

因为令狐绹在家排行第八，而高锴和令狐绹关系又很好，所以就称呼令狐绹为"八郎"，而"八郎之友谁最善"这句话的意思就是说："你的朋友里哪个与你最要好啊？"

之后，李商隐就立刻写信给令狐楚报喜，在给令狐家的人写信的时候，李商隐还是有一些卑微的小情绪的。

他之前想请令狐绹帮忙说两句好话，还委婉得不得了，拐了九曲十八弯，说："你看你已经做了不小的官儿了，我居然还是白身。"李商隐心想，话已至此，应该明白我没说出口的意思了吧？

还有呢，开成元年（836年）时，令狐楚辞去京城职务，出任地方官，又能组个幕府了。他还想叫上李商隐一起，结果李商隐说他要赡养老母，还得准备来年的春试，就给拒绝了。

但是他拒绝得很忐忑，他就想，哎呀，我不去的话，老师该不会怪我吧？会不会觉得我不识好歹啊？会不会觉得我趋炎附势，是个嫌弃恩师降职了的小人？但是我没有啊，我真的没有啊！我要不要解释一下？可万一人家没多想呢？啊——好苦恼啊！我到底说不说啊！

但是，大家是不是也很奇怪，李商隐究竟为什么会把自己放在这样一个卑微的位置呢？明明令狐楚和令狐绹都对他掏心掏肺地好，看起来也并不急于从李商隐身上获得什么回报呀。那到底为啥他跟恩师的家族这么"见外"呢？

李商隐这个人啊，其实自尊心是很强的。别人都知道考前要跟主考官套套近乎，可他偏要靠自己的真才实学；别人都知道要多多仰仗欣赏自己的大人物，可他偏要自己拼出一条路。明知道结局八成是失败，还是要撞南墙撞个头破血流之后才知回头。

说好听点，这就是读书人的清高品节；说难听了呢，他可不就是一头倔驴嘛！

所以，李商隐为啥见外呢？为啥不能把令狐家当自己家呢？就是因为李商隐他不愿意欠人情啦，哪怕他欠令狐楚的人情，这一辈子都还不完了，他也不想再多欠一丝一毫。

至于为啥不想欠人情，那很简单哪，还不是因为他还不起呀！李商隐骨子里是有点自卑的，他觉得自己永远都无法给出对等的回报，就会不自觉地把自己放在低人一等的位置，一字一句都流露出小心谨慎的心态。可他的自尊又不允许他一直低人一等，所以最好的办法就是不要再欠人情。

所以啊，大家现在明白，李商隐请令狐绹帮自己美言两句这个决定，到底经历了多少自我谴责与挣扎了吧？

虽然李商隐与令狐父子的相处是有些自卑，没办法完全平等，但李商隐对自己的恩师兼知己令狐楚的感情

是真的，景仰与感恩也都是比真金还真的。对令狐绹帮助他的这份恩情，也是时时铭记在心。

可能是李商隐的生活太苦了吧，所以哪怕别人给他一块糖，他都想着涌泉相报，这已经成了他为人处世的原则，也是没办法改变了。

只是，非常不幸的是，就在李商隐中了进士的这年冬天，他的恩师兼忘年交令狐楚去世了。

想来当时的李商隐一定十分悲痛吧，毕竟他很小的时候就失去了生父，令狐楚曾给了他如父亲般的关怀与教导。在他心中，令狐楚就如亲人一般！

况且，令狐楚其实也是一直惦记着李商隐的。当时李商隐在中了进士之后，令狐楚又曾邀请他入幕，但由于他需要先回家安顿老母与家中琐事，拜访恩师的时间很无奈地被一拖再拖。等到他安顿好一切赶到令狐楚府上时，已经到了深秋。

古有李商隐拜访恩师一拖将近半年，
今有打工人过年回家一等便是三年。

　　他不知道的是，其实令狐楚早就重病在床，也许，当时的令狐楚只是太过于挂念李商隐，想着自己时日无多，要赶快与李商隐见上最后一面，走的时候才能没有遗憾。

　　唉，不管之前他曾是怎样一位手握大权的重臣，在生命的最后一刻，他也只是个普通的老人，能够看到自己的儿孙晚辈们都好好的，就足够了。

十一月，令狐楚病逝。

李商隐悲痛极了，不仅遵循恩师的遗愿，亲手为恩师写了《遗表》，还写下一篇情深意切的祭文《奠相国令狐公文》。他回忆起当时，"**将军樽旁，一人衣白**"，您是何等的大人物，身边的人都功名累累，只有我是一个白身，这份青睐我简直太荣幸和感恩了啊！

李商隐依旧把自己放得很低，因为令狐楚在他心目中的形象真的太伟岸了。"**人誉公怜，人谮（zèn）公骂。公高如天，愚卑如地**"，看字面意思就知道，在李商隐心中，令狐楚就如同天一样崇高。

还有："**圣有夫子，廉有伯夷。浮魂沈魄，公其与**

之。**故山巍巍，玉谿在中。送公而归，一世蒿蓬。**"他把令狐楚比作孔圣人，比作有节有义的伯夷，又比作巍巍高山。李商隐说，我离开了您，岂不是像杂草一样，再也无依无靠了吗？

小贴士

  "玉谿在中"中的玉谿，也写作玉溪，是李商隐的号，在这篇祭文中指的是李商隐本人。李商隐，字义山，号玉谿生，又号樊南生。一般李商隐的诗中出现了这些词语，就是指李商隐自己。

开成二年（837年）年底，李商隐以子侄之礼同令狐楚的子侄们一起为令狐楚扶柩回长安。由此，便可以看出令狐楚的子侄们也像老爹一样厚待李商隐，毕竟不是谁说想行子侄礼就会被真正的子侄同意的。

　　所以说啊，世事可真是无常呀。此时看起来那么相亲相爱的他们，又怎么会想到，不久之后竟然会"反目成仇"呢？

第 七 章
情 义 难 全

从上章咱们可以看出，李商隐和令狐家的儿子们关系好得简直能穿同一条裤子！但是，最终的结局是，令狐家与李商隐闹掰了，而且那还不是一般的闹掰呢，程度严重到可以说是"反目成仇"的地步！

而且值得一提的是，这场"仇"几乎延续了李商隐的一生。这究竟是为什么呢？让我们一起来看看吧！

这个事情呢，还要从李商隐第五次考春试终于进士及第开始说起。在唐代，一个人想在朝廷当官可不是光进士及第就行的，进士及第的身份啊，其实只能获得"做官"的资格而已。

而考过了就能做官的考试是"吏部制科考试"，

这个考试一般在中进士后的第二年春天举行，所以李商隐考的就是开成三年（838年）的"制举"。而这一年的"制举"，正好就是他特别在行的"博学宏词科"。这你说，还能有啥悬念？圆个做官梦简直是小菜一碟啦！

李商隐也是这么想的。

这回稳了！我竟然全都会！

但是，这场考试的结果并没有如他所想的那样美好。最开始的时候，一切都"按计划进行"着，主考官对李商隐那可是相当满意啊，李商隐被录取也可以说是板上钉钉的事儿了，但问题出在了最后一个步骤。

几乎令所有人意想不到的是，将录取名单送到中书省盖个章，走个流程时，李商隐竟然被"拦截"了！这最后一步李商隐硬是没跨过去，实在是让人无法理解！

小贴士

中书省是唐朝的宰相机构，掌管制令决策，权力很大。

雪~花飘飘~北风萧萧~♪

这个结果没有办法更改，咱们只能问问到底为啥了。嘿，你猜怎么着？李商隐被"拦截"的原因竟然是："此人不堪。"

这是啥意思？翻译成大白话就是：这人不行。被人这样评价那还得了？这个评价简直把一个人从才华到人品完全否定了好吗！真是杀人诛心哪！这要是考试没通过也就算了，可得到这么一句"差评"，这给李商隐带来的是何等的伤害啊！太惨了！谁看了不替他打抱不平？

但是，中书省怎么会无缘无故地说李商隐"这人不行"呢？

往前说李商隐压根儿没考成功过科举，上哪儿有机会惹到哪位高官显贵呢？往后说的话，考科举春试的时候有令狐绹替他美言，他又和令狐家的子弟关系都很不错，按理来说就算是没有一路绿灯，那起码也能如愿以偿呀。这，到底是咋回事儿呢？

李商隐苦思冥想，想破了脑袋，突然，他想到了！难道，难道是因为他参加了王家的宴会吗？

说到王家宴会，还得从李商隐的一个好朋友韩瞻说起。

这位韩瞻呢，也是位了不得的人才，他是李商隐考第五次科举时认识的朋友。在那一年春试中，韩瞻也高中进士，成了时任泾（jīng）原节度使的王茂元的"榜下贵婿"，可以说是爱情事业双丰收，正是春风得意之时呀！

朋友一生一起走，韩瞻发达了，自然也没忘记他的好兄弟。身为韩瞻的好朋友，李商隐也就常常受邀去参加一些王家的宴会。

好兄弟，以后我家就是你家，我岳父就是你岳父！

难道，这就是预言家吗！

小贴士

"榜下捉婿"是盛行于宋代的一种婚姻文化，即在发榜之日各地富绅们全家出动，争相挑选登第士子做女婿，那情景简直就是抢，坊间便称之为"捉婿"。这种行为在宋代是富商之家接触政治的快捷渠道。不过，文中的韩瞻是唐朝人，他的岳父也是朝中比较高级的官员，所以这里的"榜下贵婿"只是戏称，与宋代的"捉婿"行为并不相同。

人们都说缘分这种东西啊妙不可言，这话还真没说错。你看，李商隐的缘分突然就来了，挡也挡不住呀！

其实还要感谢韩瞻的"月老"之恩，就在一次王家的宴会上，李商隐对王茂元的小女儿一见钟情了。那一瞬间，李商隐就在心里对自己说：这辈子那个对的人，就是她了！这一次的李商隐，可是认了一百分的真！

确认过眼神，我遇见对的人！

那时的李商隐简直可以说是"四喜临门"，哪"四喜"呢？

一喜呀，是终于考中进士啦，而且在那时的李商隐眼中，吏部的考试还是小菜一碟呢。

二喜呢，就是终于遇到了自己的真命天女王小姐，他确定以及肯定她就是自己想要携手共度余生的人。

三喜呢，自然是自己的心上人王小姐对自己也很满意。那王小姐可是从小就被千娇万宠养大的明珠，可她不嫌弃李商隐这个一穷二白的落魄书生，反而特别欣赏他的才华，愿意和他一起吃苦。

那第四喜是啥呢？

嘿嘿，这第四喜可不简单啊，那可以说是对第二喜和第三喜起决定作用的关键一喜了！可能李商隐都会觉得自己是被天上掉下来的馅饼砸中了。没错，第四喜就是，王茂元，也就是王小姐的父亲，也对李商隐非常满意！

在古代，子女的婚姻那是基本由父母决定的，只有王茂元满意，第二喜和第三喜才能是喜，否则就是棒打鸳鸯的悲剧了！

然而，此时的一派和谐，其实隐藏着巨大的危机！

是不是忘记我们最开始在讲什么啦？我们一起来回忆一下，我们在讲中书省为啥说李商隐"这人不行"呢！

是的，虽然听起来有点离谱，但是这事儿啊，确实是可能性很大的一个原因。

要分析为什么合法找对象会让李商隐被评价"这人不行"，那就不得不说一下当时朝堂上的一大特色：党派之争。说得再具体一点呢，就是**"牛李党争"**。

通俗地说，就是当时的朝廷之上，有两伙人，一伙人的老大叫牛大人，另一伙人的老大叫李大人。这两伙人呢，谁看谁都不顺眼。比如说，你这边提出一个意见，我这边呢，不管你说的对不对，就是要号召所有小伙伴一起展开激烈反对。

又比如一个人如果跟我这边的人关系好，那就必须跟我们一起讨厌对方，如果你跟那边的谁玩儿，那你就是叛徒，我们连你也一起讨厌。

就因为这个，在当时几乎没有人能完全不看党派，想跟谁玩儿就跟谁玩儿。因为这双方都很小心眼儿，在这事儿上绝对不让你做"墙头草"。

　　而不知道该说巧还是不巧，李商隐的恩师令狐楚是牛大人的好朋友，他未来的岳父王茂元却是李大人的支持者。

　　所以，李商隐凭借他一向的"好运气"，就这么巧地成了牛李党争的炮灰。古人都是很讲究"一臣不侍二主"的，像李商隐这种一开始跟牛党玩得好，后来又想当李党女婿的行为，那可是让人很不齿的。

　　所以，这个事情就约等于破案了，毕竟令狐绹这个官做得还是不小的，既然可以几句话就送李商隐高中进士，当然也可以几句话就让李商隐过不了这最后一关。

　　而且，如果把"这人不行"的评价放进当时的时代背景，那也是说得通的。那会儿几乎不会有人理解李商隐，反而大家都会同情令狐家——这不纯粹养了条白眼儿狼嘛！还好在最后一步止住了，没给李商隐官儿做，不然岂不是给对家送人才了。

人才虽好，可不能是对家的。

　　这个时候，就有许多人怀疑这是王茂元故意干的，就是为了"啪啪打脸"牛党，而李商隐也会被王茂元利用完就扔掉。还想与王小姐结婚，那是想都不要想，没门！难道他俩真的要做那被残忍拆散的牛郎织女了吗？那李商隐岂不是赔了夫人又折"官"吗？

　　放心，其实没有啦！历史记载的后续是，王茂元依旧把女儿嫁给了李商隐，而且李商隐与岳父的关系还挺不错呢。不管王茂元是完全不知情，还是利用后心存愧疚，抑或是不愿拆散有情人，这些原因都不重要了。

　　总之，李商隐还是娶到了自己心心念念的王小姐，真是不容易啊，但是想来他一定不会后悔的。

真的不会后悔为了爱情放弃事业吗？

当然不后悔！我可是问心无愧的呢！

第八章

三入兰台

上章说到，李商隐在面临着情义难双全的局面时，坚定地选择了求娶王小姐。那大家是不是很好奇，李商隐婚后的日子过得好不好呢？让我们一起"采访采访"他吧！

不愿意透露姓名的李某隐说：过得挺好，但也不是特别好。

嘿！还真是"听君一席话，如听一席话"呢。

算啦，还是咱们一起来看看吧！

经历了五次科举，李商隐仍旧是一个白身。可能那时候他有点"破罐子破摔了"：既然你们说我"一臣侍二主"，但其实我又没有真的投奔王茂元，那我岂不是白白被你们骂了？那不行，这个亏我不能吃，那我干脆就直接坐实给你们看吧！

　　再说了，生活还是要继续的嘛！不工作就没有饭吃！况且还得娶王小姐呢。于是，李商隐选择加入王茂元的幕府。

李大才子不是要做大官吗？怎么又去幕府啦？

我是才子怎么了！才子也是要吃饭的啊！

可别觉得加入王茂元的幕府是件不好的事情噢，这份差事对于此时的李商隐来说是雪中送炭也不为过呢。

有句话说得好，"今时不同往日"，在李商隐刚中进士春风得意的时候，他还能傲娇地婉拒王茂元入幕的邀请。那会儿他觉得自己以后的前途简直是一片光明啊，那不比当个"幕后工作者"强多了？但现在，入幕倒成了他唯一的出路。

而且，进入王茂元的幕府之后，李商隐其实过得还算不错。这最不错的点嘛，就是幸福来敲门喽——他总算成功与王小姐成亲了！

在成亲这件事上，我们还是可以夸夸李商隐的！毕竟李商隐对他夫人的感情那叫一个真挚，在他心里，夫人是排在第一位的。

不信啊，且听我给大家举几个例子：

第一，哪怕被人扣上"背信弃义"的帽子，也没有动摇求娶夫人之心！

第二，他不愿意一直在幕府工作，但为了要成家，就得先立业，最后他还是去了王茂元的幕府"讨生活"。

第三，他自尊心很强，在王茂元手下干活儿和"走后门"有啥区别？没有。但这个好面子的人还是去了！

这些足以证明他多么珍重自己夫人了吧？嘻，除了穷了点和运气差了点，咱李商隐还是挺好的。

不过啊，李商隐有一个缺点还是要批评一下的，那就是他老是"想不开"！

你看，别的十分优秀的人"大难临头"的时候，要么觉得"天将降大任于斯人也"——这是老天在考验我呢，要么认为"木秀于林，风必摧之"——肯定是因为我特别优秀啦！但是李商隐就不一样了，他总要忧愁那么几下，没事儿就思考人生，想东想西反正就是想不太开。

别人　　　　　李商隐

　　他加入王茂元的幕府后，就写了一首思考人生的诗歌——《安定城楼》：

迢递高城百尺楼，绿杨枝外尽汀洲。
贾生年少虚垂泪，王粲春来更远游。
永忆江湖归白发，欲回天地入扁舟。
不知腐鼠成滋味，猜意鹓雏竟未休。

迢递（tiáo dì）：高耸的样子。汀（tīng）洲：水中小洲。
鹓（yuān）雏：指凤凰之类的鸟，在传说中都是瑞鸟，也用来比喻贤才或高贵的人。

高大的城墙上有百尺高的城楼，绿杨林外是水中的沙洲。年少的贾谊徒然地流泪，春日登楼的王粲再度远游。常向往老年自由自在地归隐江湖，想要回到天地间驾舟逍遥。没料到小人们会把腐鼠当成美味，却对凤凰猜忌个没完没了。

最后这句话完全是李商隐在发泄这段时间的委屈和压抑：你们都是吃老鼠的猫头鹰，怎么可能猜到我凤凰那些高贵的爱好？

而且，李商隐还写了两首《**回中牡丹为雨所败**》，这次是因为啥有感而发呢？顾名思义，就是他看到牡丹花儿被雨浇得花瓣儿掉了一地，一时之间悲从中来：

回中牡丹为雨所败（其一）

下苑他年未可追，西州今日忽相期。

水亭暮雨寒犹在，罗荐春香暖不知。

舞蝶殷勤收落蕊，佳人惆怅卧遥帷。

章台街里芳菲伴，且问宫腰损几枝。

在曲江林苑的日子难以追忆，如今在西州忽然相约开放。在水边的亭台，傍晚的大雨带来的寒气还在；那丝罗褥子带着春天的清香，温暖却让人无法感知。飞舞的蝴蝶殷勤地采收落花的花粉，美人在远处忧愁地卧在帷幕中。长安章台街里还有其他花朵相伴，暂且问细腰如楚宫女的牡丹花在风雨后损伤了多少。

这第一首还好，只是李商隐心疼地抱住自己：这大西北的，怎么会有如此娇贵的牡丹花？这不是正像我一样，出现在了不正确的地方吗？当年高中进士的喜悦与荣耀，现在一想简直是太久之前的事情了，如今我和牡丹都飘零了！你的花朵伙伴们应该都在长安的章台街里做伴，我的好友如今也都做大官儿了啊。唉，咱俩真是同病相怜啊！

是个想办好事办实事的良心官儿，但他上司可不是啊。他这个上司作恶多端，而且还觉得李商隐事办得太好了，岂不是显得他自己很无能？于是他上司决定跟上头请示一下，炒李商隐的鱿鱼。

但是，李商隐的脾气会给他这个上司炒他鱿鱼的机会吗？那必然是不能！咱们李商隐非常硬气，直接打了一套告假、归京、辞官组合拳——是他主动不干了，才不是他被开除了！

当时他请假回京城的时候，还特意写了一首诗，《任弘农尉献州刺史乞假还京》：

黄昏封印点刑徒，

愧负荆山入座隅。

却羡卞和双刖足，

一生无复没阶趋。

卞（biàn）和双刖（yuè）足：楚人卞和曾在荆山上砍柴，偶然得到一块美玉，他先后献于楚厉王、楚武王，却遭不识货的楚厉王、楚武王分别砍去左右脚。

黄昏时候散衙封印，清点在押的囚徒，我不由得觉得愧对了映入座位旁边的荆山。这时倒羡慕起了卞和，他被砍掉了双足，却保住了骨气，免去了一生一世在阶前屈辱奔走。

这话说的，就差直说砍了腿我也不愿意在你这丧良心的恶官手下干活儿了。不得不说，李商隐还是很有骨气的！

嘿！我这暴脾气！就差没摊牌直说了！

而且，李商隐也已经想好了辞官后自己的生活，就是像陶渊明一样自由快乐！

他还为此特意作了一首很简单直白的小诗，《**自贶**（kuàng）》：

陶令弃官后，仰眠书屋中。
谁将五斗米，拟换北窗风。

陶渊明辞官之后，就在家中书屋里仰面而睡。谁愿意将清闲自适的生活，委屈地换成五斗米呢？

这首五言绝句很好理解，陶令，也就是陶渊明，辞官回家之后，仰躺着睡在书屋里，我也要像他一样，把俸禄也就五斗米的官职换成自由快乐的风。

陶渊明前辈就是我的偶像！

"不为五斗米折腰"说的是陶渊明出任彭泽县令时，不愿为了县令的五斗薪俸低声下气向小人贿赂献殷勤，最后辞职归乡的事。

不过，后来事情的发展其实没有这么糟糕啦，李商隐还没来得及走，新上司就来了。新上司盛情挽留了李商隐，但李商隐最后还是客客气气地离开了。

这时的李商隐，其实心里也有一些目标。他最终决定还是试试看，想要重回秘书省。他尝试放弃自尊向令狐绹求助，但是失败了；又尝试了去一些幕府做"短工"讨生活，就这样过了两年。

最后还是自己争气，在会昌二年（842年），他考过了"书判拔萃考试"，最终自食其力，重回了兰台！只有一点可惜，这次的官职比最初的秘书省校书郎差一点，上回是正九品上阶，这回成下阶了。

风格开始走向中老年了!

不过，按照我们之前提到的李商隐式人生，现在他起过了，又该落了。

没错，他的官位还没坐稳，就传来了一个令他悲痛万分的消息，他的母亲去世了!

而按照礼节，他需要丁忧三年，为母亲守孝。

说得直白点，就是他现在这个官儿又没了，必须辞官为母亲守孝。

呜呜，这个结果
我习惯了……

小贴士

丁忧，指的是古代父母死后，子女按礼须持丧三年，任官者必须离职。

在李商隐丁忧回家之后，他做了很多事，总的来说就是完成了整个家族的迁葬。比如将母亲灵柩送回故乡与父亲的合葬，将曾祖母之墓迁去与曾祖父的合葬，将二姐之墓迁回家族墓园，为叔父李处士修墓，把不幸四岁夭折的侄女寄寄之墓迁回家族墓园。他还特意为侄女寄寄写了一篇深情的祭文——长者为夭折幼童写祭文，在当时可是超过常礼的行为。

在李商隐丁忧期间，他的岳父王茂元也因平乱逝世。李商隐写下了一篇又一篇的祭文，祭奠着一个又一个离开他的人。

三年啊，其实说长不长，说短不短，丁忧过后，李商隐就继续积极地寻求官复原职的机会。直到会昌五年（845年）十月，他才终于如愿以偿。

他，终于第三次进入了兰台。这一次，他只想平平淡淡做官。

不过，平淡才是最难达成的愿望啊！

第九章
难合时宜

上章说到，李商隐第三次来到了他曾经梦寐以求的兰台，也就是秘书省工作。此时的李商隐真的被命运折腾怕了，吃够了生活的苦，只想安安分分做个小官了。

不过，他可是李商隐啊，事情哪有这么简单呢？不如你先猜猜他这次的官做了多久，再带着你的猜测在下文里找找答案吧！

可能你会觉得，李商隐回到兰台上班的日子是十分平淡和无趣的：每天按时打卡上班，打卡下班。但是，李大才子有一双发现美的眼睛，哪怕在这"复制粘贴"

似的一天天里，也不放过生活的美！

什么，你不信？那你且看这首《**无题**》：

> 昨夜星辰昨夜风，画楼西畔桂堂东。
> **身无彩凤双飞翼，心有灵犀一点通。**
> 隔座送钩春酒暖，分曹射覆蜡灯红。
> 嗟余听鼓应官去，走马兰台类转蓬。

灵犀（xī）：古称犀牛角有白纹，感应灵敏，故用"灵犀"来比喻双方心灵的感应。**送钩**：古代宴会中的一种游戏，把钩在暗中传递，让人猜在谁手中。**射覆**：在覆器下放着东西让人猜。

昨夜星光灿烂，有习习凉风拂面，我们的酒筵设在画楼西畔、桂堂之东。身上没有彩凤的双翼，不能比翼齐飞；内心却像灵犀一样，感情息息相通。互相猜钩嬉戏，隔座对饮春酒暖心，分组行酒令，在烛光摇曳中一决胜负。可惜啊，五更鼓响了起来，到了上朝点卯的时候了，我策马赶到兰台，像随风飘转的蓬蒿。

颔联是千古名句，上句暗示美好恋情惨遭阻隔，否则李商隐怎会遗憾没有双翼？下句却话锋一转，说自己已经拥有了比"双飞翼"更重要的心灵上的感应，只要心相连，再远的距离也阻隔不断这份感情的！

这首诗其实讲的是平淡生活中的一瞬感动与快乐。但是啊，让人又想笑又无奈的是，诗的最后一句里，李商隐还没来得及好好享受这份快乐，就又到了上班的时间了。

"欢乐的时间总是这么短暂，我们下次再见！"大概诗中的李商隐就是这个感受吧！

不过啊，虽然职场平平淡淡，但李商隐的家庭可是很幸福美满的。会昌六年（846年）春，他迎来了自己的宝贝儿子——李衮（gǔn）师。李商隐当时的反应与他父亲迎来他的时候相比啊，简直是有过之而无不及。

如果你不相信，只要来听听李商隐专门为儿子写的这首《骄儿诗》的开头，你就肯定能懂了：

衮师我骄儿，美秀乃无匹。

文葆未周晬，固已知六七。

四岁知姓名，眼不视梨栗。

交朋颇窥观，谓是丹穴物。

前朝尚器貌，流品方第一。

不然神仙姿，不尔燕鹤骨。

周晬（zuì）：周岁。

衮师啊，我的骄儿！你真是聪明漂亮的小孩儿。没人比得上你！还在襁褓里未满周岁，就已经知道"六"和"七"。四岁就知道名字，不再只知道贪吃果子零食！我的朋友们经常端详你，觉得你就是丹穴山的凤凰！注重礼仪气度的六朝时期，你肯定会被评为第一。还有夸你是神仙风姿和燕鹤贵骨的呢！

　　要我说啊，李商隐这确实是"狂喜"得太夸张了一点，看这诗的开头就已经把儿子夸得"天上有，地上无"了。更神奇的是，这个小孩儿和大诗人白居易还有一段奇缘呢！

　　李商隐曾多次拜访白居易，因为他的诗特别受白居易的喜欢。白居易比李商隐大了四十一岁，在李商隐三十五岁时便去世了。据说白居易在去世前，曾说下辈子想要做李商隐的儿子，还要李商隐好好教导他。

是谁假冒白老先生给我写信？这玩笑太过分了！

小李啊，下辈子我要做你儿子！你可要好好教我！

不得不说，这白居易老先生也太敢说了。当然了，这只是传言。说来也巧，就在白居易去世不久后，李衮师就出生了。这下别说其他人了，就是李商隐都有几分信了那句白居易的戏言，后来他有时候还管自己儿子叫"白老"呢！

我知道这事真的很离谱，我也不敢相信的啊！可衮师的出生时间也太巧了吧！

仅为巧合，相信科学。

不过，虽然李商隐当时喜得贵子，但那会儿的政治局势却无法让他高兴起来。当时正赶上皇位变动，也发生了很多让李商隐直呼"我看不懂但我大受震撼"的离谱之事。

这新皇帝唐宣宗是前任皇帝唐武宗的叔叔，结果叔叔的新政策几乎全跟侄儿的旧政策反着来。牛李党争也没有结束，朝堂上依然是两派人互相排挤，今儿我把你的得力下属发配边疆，明儿你把我的干将一贬再贬，怎一个乱字了得啊！

不过哪怕情况再乱，都和李商隐没太大的关系。

当时的李商隐啊，就差每天搬个板凳抓一把瓜子边嗑边看戏了。有道是"当局者迷，旁观者清"，李商隐可以说是彻底看透了其中的玄机，还特意写下一首诗来警醒同事们，就是这首《宫辞》：

君恩如水向东流，
得宠忧移失宠愁。
莫向尊前奏花落，
凉风只在殿西头。

花落：指汉乐府笛曲《梅花落》。

君王的恩宠就跟水一样不停地往东流，使人得宠的时候担心恩宠转移，失宠的时候又忧愁。不要在君王的宴席上得意地演奏《梅花落》了，凉风就在那殿西头呢，你不久也会像花儿那样被风吹落。

这首诗写得还是比较委婉的，看起来他说的是皇帝的后宫，可是他跟皇帝的后宫又有啥关系呢？还不是借此来对同事们说，你们啊跟皇帝的后宫其实没啥区别，别管你们凭借的是好看的脸蛋儿还是优秀的才华得到皇帝喜爱，都不要得意忘形！可能你还没嘚瑟完呢，就大祸临头啦！

说得简直太对了！你瞧，在这种"人生总是起伏不定"的话题上，屡屡经历"起落"的李商隐简直不要太懂个中心酸了。

他快完了。

你怎么知道他就要被发配边关了？

这就是过来人毒辣的眼光！

而且，在这段混乱时期，李商隐简直是诗兴大发，写了一首又一首好诗。他的行文风格也有了变化，慢慢地脱离"典上加典"，变得简单易懂些了。

　　此处不得不夸夸李商隐，无论是哪种风格，他都驾驭得特别完美，作出来的诗都是一样脍炙人口呢！

那还用你夸？

　　著名的《**贾生**》一诗，正是作于此时。

宣室求贤访逐臣，
贾生才调更无伦。
可怜夜半虚前席，
不问苍生问鬼神。

虚前席：即前倾身体，臀不着腿，一般形容虚心求教或者急切地渴望知道，在此为讽刺意义。

汉文帝求贤若渴，在宣室向从长沙召回的贾谊问政。贾谊才能出众，无与伦比。可惜文帝半夜虚心求教，却不问百姓生计而只问鬼神之事。

其实，李商隐突然提到半夜"问鬼神"的汉文帝，都是因为唐武宗啊。唐武宗一继位就开始求仙问道，成天也不怎么干正事儿，就知道玩。李商隐简直是恨铁不成钢。最关键的是这两位皇帝都有眼无珠，不识人才！当然了，这个人才一个对应贾谊，一个自然就是对应的李商隐自己了。

这时候或许有人要质疑李商隐了：你不是年轻的时候还去道观修过道吗？而且当时还说早就梦想着去修道了，怎么这时候皇帝寻仙问道你又不乐意了，还写诗讽刺人家！这也太"双标"了吧？

其实啊，李商隐根本一点都不相信所谓鬼神之说，当时他所谓的"修道是我一直以来的梦想"也只是他的借口而已啦！前面我们已经说过，他当时"修道"只是换个途径来求取功名罢了。

这能一样吗？我这是为了实现人生价值，他那是践踏全国人民的人生啊！

在下面这首作于同期的诗《瑶池》中，他也明确地表现出他是坚决反对"求仙问道"的，而且他用了一种很聪明的说法。

瑶池阿母绮窗开，
黄竹歌声动地哀。
八骏日行三万里，
穆王何事不重来。

西王母在瑶池上打开绮（qǐ）窗，只听到黄竹歌声震动大地，让人感到悲哀。八骏神马的车子一日能行三万里，周穆王为了何事违约不再来呢？

周穆王毕竟是一个凡人嘛，还能因为啥事违背了约定呢？还不是因为他已经去世了！

李商隐这样写着实是妙。他不说世人都相信的神仙压根儿就不存在，而是说即便是周穆王也是会去世的，就算西王母喜欢他也救不了他。这样来劝凡人不要求仙问道，可以说是十分有理，让人无法反驳呀。

嗯，没错，其实我相信科学！

李商隐在这段时间可以说是"频放大招"啊，先是讽刺当时的皇帝求仙问道，又骂了求仙问道这件事儿本来就不着调。接着，他又开始揭露皇室的虚伪丑陋，写了一首《龙池》：

龙池赐酒敞云屏，
羯鼓声高众乐停。
夜半宴归宫漏永，
薛王沉醉寿王醒。

龙池宴饮作乐，云母屏风敞开，羯（jié）鼓的声音急促高兀，淹没了其他器乐的声音。夜深宴罢归来，漫漫长夜中，唐玄宗的侄儿薛王酩酊大醉，而儿子寿王却独自醒着。

太妙了！哈哈！看我骂你于无形之中！

这首诗可以说是非常大胆。具体是怎么个大胆法儿呢？请听咱细细分析。

首先，一开始就是一个看上去非常和谐的皇室家宴场面，有玄宗赐下的美酒，也有伎人表演好看的节目，可以说是其乐融融啊。但是怎么薛王可以安然地醉倒，寿王却根本睡不着呢？

啊，原来是因为他从前的妻子杨玉环现在却成了父皇的妃子。看着杨玉环坐在父皇身边，叫他如何睡得着觉呢？

这就是李商隐诗句的妙处了，你看这全诗哪里提到杨玉环了吗？没有，反而讲的是一派和乐，但是看到最后"寿王醒"，大家自然是"懂的都懂"，心照不宣了。

写了这么多诗，李商隐也慢慢地对此时的皇帝与他曾不断追求的"京官"之职失望了，他最终还是想要离开。这一次，不是被迫，而是他主动地离开。

而此时，距离他第三次进入兰台，也就一年半不到。这个时间，大家猜对了吗？

这次李商隐离开是接受了**郑亚**的邀请，一起去桂州工作。

郑亚，何许人也？桂州，又是啥地方？

郑亚呢，是一个被贬的李党中人，当时正是牛党占据上风，于是李党的很多人被贬的贬，被炒鱿鱼的炒鱿鱼，甚至还有直接发配边疆做苦力的。而桂州呢，在当时还是个非常偏远贫穷的地方，说郑亚是被贬去"开荒"的一点儿也不过分。

这么一看，李商隐是不是脑子坏掉了啊？昔日的好兄弟令狐绹现在可是炙手可热的权臣，这么粗的大腿他不抱，偏偏"自愿流放"？

好吧，没错，正是因为李商隐不愿意做那趋炎附势的小人，而且郑亚给他开的"工资"也挺不错。

不过，从京城去桂州，不仅路途遥远，这一去，还要离开有妻子孩子相伴的温馨小家，他舍不得啊！

　　出发之后，李商隐可能真的有些后悔，或者说，简直无时无刻不在后悔中，当他走到江陵，坐在船上时，这种思念家庭与后悔离京的心情是尤其强烈的。

　　他在《**荆门西下**》一诗中写下："一夕南风一叶危，荆云回望夏云时。人生岂得轻离别，天意何曾忌崄巇（xiǎn xī）。"他不但怀疑这飘摇的小船马上就要被浪掀翻了，还想到一个哲学问题：是不是人生本来就不该随随便便就离别呢？这江上波涛汹涌该不会就是上天在考验我吧？

难道这就是上天的考验？

当然，李商隐最后还是安全到达了桂州，而且一到就被委以重任，并且升官加职了。嘿，这不比在京城当九品芝麻官儿强多了？

升官的喜悦"冲昏了"李商隐的头脑，这干劲儿一下子就上来了，也不觉得桂州这"南蛮之地"破旧了，也不害怕当地的精怪传说了，人也越来越积极乐观向上了。

正是此时，李商隐写下了这首千古流传的《晚晴》：

深居俯夹城，春去夏犹清。

天意怜幽草，人间重晚晴。

并添高阁迥，微注小窗明。

越鸟巢干后，归飞体更轻。

　　一个人深居简出，这天，我俯瞰夹城，发现春天已去，正是清和气爽的初夏。上天怜惜那幽僻处的小草，人间也珍惜这傍晚时的晴天。雨后天放晴，在楼阁上远眺，视线更加宽广，夕阳的余晖透进小窗，闪现微弱柔和的光。南方鸟儿的窝巢已被晒干，傍晚归巢时飞翔的体态格外轻盈。

　　晚晴，就是傍晚的晴天。提到傍晚，很多人不仅会想到瑰丽的夕阳之美，也会对其易逝表达惋惜。但李商隐不谈夕阳短暂，只说"重晚晴"，这种珍重美好事物的情感，不也是一种可贵的积极乐观的心态吗？

今天天气好晴朗，处处好风光……

这首诗，怎一个豁达了得！此时的李商隐仿佛已经笑着战胜了一直给他设下一个又一个陷阱的命运，他正是那一棵小草，但不是天意怜惜他，而是他学会了积极乐观，学会了自己怜惜自己。

虽然心胸开阔了，但他无时无刻不在思念他的妻子和孩子。他总是在想着，妻子孩子在做什么呢？无论春夏秋冬，无论白天黑夜，这份思念伴随着一封封有时差的信，传递给远方的家人。

　　总的来说，李商隐在大中元年（847年）这一年，过得还算自在充实，给自己编了《樊南甲集》，又作了序，与好友刘蕡不期而遇，小聚又分离，工作认真完成。一年下来，他的年终总结很是漂亮。

　　但他依然遭到了命运的捉弄——郑亚又被贬去了更荒凉偏远的地方，这时的李商隐没有选择就此离开，反而要替郑亚鸣不平。不过没用，他还是不得不启程离开。

倒霉多少次我已经忘了，反正就是起落落落落呗！

　　当年牛党的令狐绹帮助李商隐高中进士的时候，李商隐没有继续巴结令狐绹，反而爱上了李党王茂元的女儿，并娶之为妻；牛党落魄的时候，他却写信想跟令狐绹修复感情；牛党又占优势的时候，李商隐偏要跟着被贬的李党郑亚一起走。

　　李商隐真的太冤枉了，他哪里是趋炎附势、背信弃义的小人啊！他这不是每一次都在做不合时宜的事，永远都在逆风前行吗？

　　他才是那个最不世故的人呀！

我记得我刚到桂州的时候，令狐绹还专门写信来骂我了！嘿嘿，但是我还是留在了桂州！

第 十 章
此情长忆

上章说到，李商隐不得不离开桂州，准备回家去。当然，发生了这么大的事儿，他也在信里告诉了妻子。

妻子知道他要回家了自然是高兴的，她跟着李商隐这么多年，再多的打击也经历过了，所以只觉得生活再难，一家人在一起就是不错的。于是她就写信告诉李商隐：既然如此，你就快回来吧！我和孩子都很盼望你能回家团聚！

但是，她却不知此时的李商隐有些近乡情怯了。

显然，李商隐是很难迈过这个坎儿的。

要说思念妻子孩子，那是特别思念。可谁让他又丢了工作呢？而且他自尊心还特强，早就在心里把自己贬得体无完肤了，所以哪里还有脸面见家人呢？

于是，这回家的路就只能越走越慢了。

李商隐慢慢北上，在巴蜀停留，在那里回复妻子问归期的信。这时，他写下了那首名留千古的《**夜雨寄北**》：

> 君问归期未有期，
> 巴山夜雨涨秋池。
> **何当共剪西窗烛，**
> **却话巴山夜雨时。**

你问我回家的日期，时间难定。今晚巴山下着大雨，雨水涨满了秋池。什么时候我们才能一起秉烛长谈，说起今夜巴山夜雨时我想念你的情形。

这首诗有一个很妙的时间跨度，是本诗的最大特色："君问归期未有期"为过去时，"巴山夜雨涨秋池"为现在进行时，"何当共剪西窗烛"为将来时，"却话巴山夜雨时"为将来回忆过去时，也就是幻想将来夫妻二人回忆现在。

这些文字如此朴实无华，字里行间却都是满到要溢出来的深情与思念。

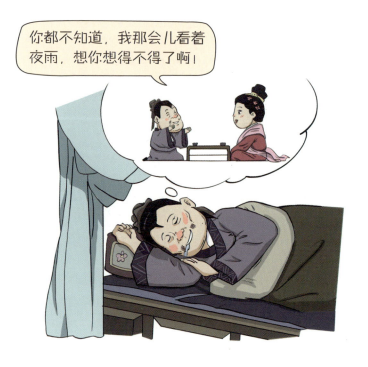

当然，逃避不是办法。李商隐最后还是回家了。回家后，李商隐也算是过上了一阵和家人相守相亲的美好日子。

没多久，到了大中三年（849年），发生了武宁军叛乱。这原本和李商隐没啥关系，可是，当时平叛急需人才，负责平叛的节度使**卢弘止**就想到了李商隐。此时，李商隐正好在考虑自己后半生的事业，于是受聘成了节度判官。这个官呢，还不错，官阶是六品下阶，只是，李商隐又要离开妻子孩子了。

　　李商隐跟随卢弘止一路来到徐州，经过一年多的努力，平定了叛乱。看起来，李商隐可以跟着立下大功的卢弘止大干一番了，可惜没多久，卢弘止就去世了。李商隐是悲伤又绝望，然而，这还不算最糟糕的。当时，远在长安的妻子得了重病，已经奄奄一息了，最终也没能见到李商隐最后一面。

李商隐悲痛欲绝，忍不住反思，妻子嫁给他十多年了，却与他聚少离多，大多数时间都在独自支撑着整个家，让他在外放心干事业——可惜他根本没干出过什么事业，而妻子连他的最后一面都没能见到。

还记得，李商隐曾在结婚不久时写下的《**马嵬**（wéi）》一诗中，讽刺唐玄宗，暗自得意自己与妻子幸福美满，这是唐玄宗与杨贵妃远远比不上的。

> 海外徒闻更九州，他生未卜此生休。
> 空闻虎旅传宵柝，无复鸡人报晓筹。
> **此日六军同驻马，当时七夕笑牵牛。**
> 如何四纪为天子，不及卢家有莫愁。

柝（tuò）：古代打更用的梆子。

听到没有根据的传说，称海外还有九州，来生不可预知，今生的缘分已尽。只听到禁卫军在夜间击打刀斗的声音，不再有宫中鸡人报晓敲击更筹的声音。六军已经约定好全部驻马不前，遥想当年七夕，还曾嗤笑织女牛郎不能日日团聚。如何历经四纪，虽然贵为天子，却不及卢家的儿郎，可以日夜陪伴莫愁。

可是，现在再看这首诗，好家伙，直接把未来的自己一块儿骂进去了！他妻子是很称职没错，但他这个丈夫做得也太不合格了吧。

李商隐对于妻子的离去非常痛心，写了很多诗来悼念她。如这首《**房中曲**》：

蔷薇泣幽素，翠带花钱小。

娇郎痴若云，抱日西帘晓。

枕是龙宫石，割得秋波色。

玉簟失柔肤，但见蒙罗碧。

忆得前年春，未语含悲辛。

归来已不见，锦瑟长于人。

今日涧底松，明日山头檗。

愁到天池翻，相看不相识。

簟（diàn）：竹席。檗（bò）：黄檗，一种落叶乔木，其果实味苦。

蔷薇上带着露珠像是在幽幽地哭泣，绿色的蔓条上开着像铜钱一样的小花。幼儿无知，像云抱日一样在西帘内睡到天亮。枕头是龙宫的神石，能分割秋波的颜色。竹席上已不见她柔美的体肤，只见到铺着的碧色罗被。回想起前年春天分别，还没说话就已含悲辛。归来再也不能见面，唯有锦瑟长存。今日像涧底的青松，明日像山头的黄檗。忧愁到天翻地覆之时，只怕彼此相见也不能相识。

李商隐看着妻子最爱的蔷薇，联想到妻子，心中悲痛不已。他又看到幼儿酣睡的恬静画面，心中很是无奈，好像在以埋怨的口吻同妻子抱怨："看这孩子，竟然这么没心没肺地睡着。他还小啊，不知道母亲已经去世了。"

妻子用过的一切东西，他看了都觉得仿佛妻子还在自己身边一样。可又突然想起之前妻子为自己送行时就好像身体不太好了，心里更是惭愧万分，他当时怎么就没发现呢！

最后，李商隐又开玩笑似的挖苦自己：自从你走了，我就十分忧愁。我现在的样子特别憔悴，你再见到我可能要吓一跳，根本不认识我了呢！

　　李商隐在送妻子的灵柩回郑州老家时，途经了妻子儿时生活的洛阳故宅，又忍不住感伤了，在那写下两篇悼亡诗《夜冷》和《西亭》。

　　后来，他又去了一次洛阳故宅，那时的他，已经有想要"寄情修仙，了却余生"的念头了。他可是曾经鄙夷过"寻仙问道"的李商隐啊！如今对亡妻的思念竟超越了一切——如果修道能让我再见你一面，那我一定拿出万分诚心！

李商隐来到妻子生前常去的西亭，写下了《**七月二十九日崇让宅宴作**》：

露如微霰下前池，月过回塘万竹悲。
浮世本来多聚散，红蕖何事亦离披。
悠扬归梦惟灯见，濩落生涯独酒知。
岂到白头长只尔，嵩阳松雪有心期。

霰（xiàn）：雪子，雪粒。蕖（qú）：荷花。濩（huò）落：沦落失意。

秋露像细微的雪粒一样洒在前池，月光照过回塘，竹林发出悲鸣声。飘忽无定的人生本来就多悲欢聚散，但那池上的红荷花，为什么也零落离散？杳远的归梦只有孤灯能见证，空虚落寞的生涯只有清酒知道。难道到了白头之年还是如此？我与嵩阳山的松雪有了约定。

或许，他还是应该到处走走，散散心，毕竟他还有孩子，总不能就这样消沉下去吧，这肯定也不是妻子希望看到的。

于是，李商隐在大中五年（851年）时，接受了柳仲郢（yǐng）的诚心邀请，前往东川为他做文书工作。

在临行前，他把孩子托付给了好友韩瞻的妻子，也就是衮师的姨母。她对衮师视如己出，她的儿子也与衮师年纪相仿，李商隐还曾写下名句"**桐花万里丹山路，雏凤清于老凤声**"赠予这位小外甥。

这样，他很放心。

小贴士

"桐花万里丹山路，雏凤清于老凤声"两句出自《韩冬郎即席为诗相送一座尽惊他日余方追吟连宵侍坐徘徊久之句有老成之风因成二绝寄酬兼呈畏之员外》，题目足足45个字！

李商隐的诗究竟可以有多长的题目？

咋啦！咋啦！这不得写清楚嘛！

　　出发奔赴岗位之际，正值寂寥的秋天，李商隐在几棵枯柳边触景生情，为秋日之柳写下了《**柳**》一诗。这首诗很特别，虽说是在咏柳，但是全诗没有一个"柳"字，这要是文化水平不高的人可要看不明白了。

曾逐东风拂舞筵，

乐游春苑断肠天。

如何肯到清秋日，

已带斜阳又带蝉。

筵（yán）：宴席。断肠天：指醉人的春天。

曾经追逐东风在宴席上翩翩起舞，那时正是春日，人们在乐游原中游玩。怎么肯到深秋的季节，看到这夕阳斜照、秋蝉哀鸣的景象呢？

　　是不是很好奇，明明柳树都是在春天发新芽的时候才更受诗人欢迎，为什么李商隐偏偏要咏这将要干枯的秋柳呢？其实，是因为李商隐见秋柳如见自己啊！

　　从前的柳树，生机勃勃，欣欣向荣；从前的李商隐，也是风华正茂的大才子呀。可如今，失意的人遇见衰败的柳，李商隐又是共情能力相当强的人，怎能不抒发一下遭逢妻子病逝、工作不顺的愁苦心情呢？

如果秋柳有名字，一定叫作李商隐吧！

想要从失去妻子的痛苦中走出来是很不容易的。尤其李商隐向来是个重情的人，这就更难了。

在向东川赶路时，李商隐随时随地都在怀念着妻子。

在《**悼伤后赴东蜀辟至散关遇雪**》中，这份怀念之情令人闻者伤心，见者落泪。

剑外从军远，无家与寄衣。

散关三尺雪，回梦旧鸳机。

我要到剑外去任职，路途遥远，却再也没人给我寄冬衣。大散关的白雪足有三尺厚，夜晚梦回你弄织机的样子。

没有了妻子为他亲手做的冬衣，李商隐感觉自己再也无法感受到温暖了。

在东川为柳仲郢干活的时候，李商隐还是非常尽心尽力的。平时，他就编编写写，与文字相依为命，可能这一生实在是太饱经沧桑了，所以晚年能获得如此平静的生活，他已经知足了。

但是，旁人却不能理解他，觉得四十岁是壮年时期呀，哪里老了呢？况且李商隐本人还如此有才华，仰慕他的女子很多。这不，柳仲郢就要把府中一个又漂亮又有才艺的美女介绍给李商隐。

他会接受吗？怎么可能？

别！我谁也不要！我有夫人！我也只爱我夫人一个！

当然啦，李商隐没有直白地拒绝，毕竟是上司嘛。他写了一篇面面俱到的长文《**上河东公启**》来表达自己此生不会再续弦的意愿。

在文中，他可以说是把自己贬低到了极致。他说自己在妻子去世后，半颗心已经随着妻子去了，现在又与孩子骨肉分离，心里更伤心。别看我年轻时爱写点浓艳文字，但实际上本人宛如一根木头，一点风流也没有。况且自己身体也不好，工资也不高，何必平白耽误人家呢？

我这可是句句属实。

因此，上司只好打消了这个念头。

李商隐并不需要美人相伴，因为他永远不能停止思念逝去的妻子。在大中七年（853年）的七月初七，也就是牛郎织女相会那天，他写下一首悼亡爱妻的《七夕》：

> 鸾扇斜分凤幄开，
> 星桥横过鹊飞回。
> **争将世上无期别，**
> **换得年年一度来。**

凤幄（wò）：绘有凤凰图饰的帐幔。

织女分开鸾扇走出了凤幄，搭桥的喜鹊们已经完成任务飞回来了。真想将世上的死别，去换得每年一次的相逢。

"争将"二字，将李商隐无可奈何的哀痛之情抒发得淋漓尽致。在李商隐看来，这样一年才能相见一面的遗憾也是值得他羡慕的，毕竟他与妻子阴阳相隔，用什么也换不来这样的相会了。

　　接下来的日子，李商隐都在平平淡淡的生活中度过，有时也难免生发一些怀才不遇的感慨。由此，他写下了这首《**忆梅**》：

　　　　定定住天涯，依依向物华。
　　　　寒梅最堪恨，常作去年花。

　　被困住在这远离家乡的地方，不禁开始留恋春天的景色。听说寒梅最能惹人怨恨，因为总被当作去年开的花。

　　寒梅正如它的名字，往往在冬天开放。有人觉得，相比于这一年的春天，它开得太晚。而李商隐却觉得，与次年春天相比，梅花开得太早了。到了百花争艳的春天，梅花都已经凋谢，这不是与李商隐的命运相似吗？因此，李商隐才留下了"最堪恨"的黯然叹息。

而李商隐所作的另一首名诗《**天涯**》，其中的情感就更加悲痛、沉重了。

春日在天涯，天涯日又斜。

莺啼如有泪，为湿最高花。

春天在这天涯，天涯的太阳又在渐渐西斜。美丽的黄莺啊，你要是有泪水，请为我洒向最高的、最后盛开的那朵花。

我们常说，春天黄莺的啼叫声像是在唱歌，其实，那是因为我们的心情愉快啊。而此时的李商隐心中满是对国家与自身前途的失望以及羁旅天涯的愁苦，那么听到莺啼便觉得像是啼哭也十分在理了。

而且，这首诗还被一些学者看作是春天、李商隐的人生与安史之乱后的唐朝三者共同的挽歌呢。

只是李商隐始终思念着远在长安的孩子，所以在大中十年（856年），柳仲郢被提拔为吏部侍郎准备回长安的时候，李商隐毫不犹豫地选择与他一起回京。

不过毕竟路远，等他回到长安时，已经是第二年的春天了。回京之后的生活还算顺利，与孩子共享天伦，也获得了柳仲郢的提携。李商隐的心境也在慢慢发生变化。

晚年的李商隐创作欲望爆棚，写下了许多脍炙人口的经典名诗，比如这一首《**乐游原**》：

向晚意不适，驱车登古原。
夕阳无限好，只是近黄昏。

傍晚时，我感到心情不快，就驾车登上了乐游原。夕阳非常美好，只不过已接近黄昏，快要落下。

"夕阳无限好，只是近黄昏。"这是多么痛的领悟啊！美好的景色，美好的光阴，多么令人留恋，可惜快要消逝！但是，换个角度看，这无限好的夕阳马上就要消逝了，这时我们要做的就是好好珍惜，享受当下。

柳仲郢发达之后，没有忘记李商隐，给了他一个肥差——盐铁推官。不过要做这个官儿的话就要去江南。

没错，就是李商隐那久远的幸福童年中的江南。在人生的暮年时期，能重新回到充满幸福童年回忆的地方，那是多么美好和圆满啊！或许，就是在这一次江南行中，李商隐了却了此生的遗憾。他或许有预感——是时候结束了。

　　于是，在大中十二年（858年），他主动请求辞官，回到了河南老家。

　　当然，他也没闲着，在拜访王屋山僧人结庐圣地"北青萝"时，他写下一首诗，其中尾联**"世界微尘里，吾宁爱与憎"**是千古传唱的名句。

　　在这大千世界里，大家都是渺小得如微尘一般的存在，何必执着于爱与憎呢？

　　确实如此，当你看到世界的庞大，自然会感觉到自我的渺小，那啥事儿都不叫事儿了嘛！

我觉得我又悟了，所以看开了。

在生命的最后阶段，李商隐写下了他最负盛名的诗——**《锦瑟》**：

锦瑟无端五十弦，一弦一柱思华年。
庄生晓梦迷蝴蝶，望帝春心托杜鹃。
沧海月明珠有泪，蓝田日暖玉生烟。
此情可待成追忆，只是当时已惘然。

华美的瑟为什么有五十根弦，一弦一柱都使我追忆青春年华。庄周在睡梦中变成了蝴蝶翩翩起舞，望帝把自己的思恋情怀托给了杜鹃。沧海上明月高照，鲛人流下的眼泪成了珍珠，蓝田红日和暖，能看到良玉生烟。这样的情怀哪里是现在回忆起来才感到惆怅呢？在当年就已经令人惆怅不已了。

追忆着青春年华的李商隐，会不会也觉得年少时的骄傲与轻狂又可笑又可爱呢？会不会想起与夫人初见时的情景不自觉地傻笑起来呢？会不会也在心里觉得自己"出走一生，归来仍是少年"呢？

答案都在这首好像有千种解读的诗中。

不过，我想李商隐回顾完自己的一生，还是会感到很欣慰吧！自己有这样多的"可追忆"的情感。

没错！虽然物质上是穷了点，但我精神财富可是相当丰富啊！

大中十二年（858年）末的某一天，李商隐在家中安然地闭上了双眼，享年四十六岁。

第十一章
人生小结

一生不得志的"晚唐诗人之光"就这样遗憾地熄灭了，实在令人叹惋。现在，让我们来简单回顾一下李商隐的一生吧！

公元813年（唐宪宗元和八年），李商隐出生。

公元815年（元和十年），因父亲李嗣工作调动，李商隐全家迁往江南。

公元822年（唐穆宗长庆二年），李商隐十岁，父亲李嗣去世，举家返回故乡河南。

公元828年（唐文宗大和二年），十六岁的李商隐因《才论》《圣论》两篇文章轰动一时。同年，李商隐前往京城洛阳。

公元829年（大和三年），李商隐受忘年交令狐楚邀请加入其幕府。

公元831年（大和五年），李商隐首次科举应试落榜。

公元832年（大和六年），李商隐第二次科举应试落榜。

公元833年（大和七年），李商隐第三次科举应试落榜后，受邀加入崔戎幕府。

公元834年（大和八年），崔戎被贬后，李商隐随崔戎前往兖州。后崔戎病逝，李商隐独自漂泊。

公元835年（大和九年），李商隐邂逅了知音柳枝姑娘，在该年参加第四次科举应试落榜后，为柳枝创作了《柳枝五首》。同年，李商隐前往玉阳山，试图修道入仕，短暂邂逅宋华阳。在此期间，写下经典的《嫦娥》与多首《无题》诗，流传千古。

公元837年（唐文宗开成二年），李商隐第五次参加科举考试，终于进士及第。同年冬，令狐楚去世。

公元838年（开成三年），李商隐陷入牛李党争，因此制举遭拒。后加入泾原节度使王茂元幕府，并娶王茂元的小女儿为妻。

公元839年（开成四年），李商隐再次参加授官考试成功后，顺利出任秘书省校书郎一职。不久后被外调到弘农县担任县尉，后主动请假回京。

公元842年（唐武宗会昌二年），李商隐再次回到兰台任职，不久，母亲去世，为母丁忧再次离职。

公元845年（会昌五年），李商隐守孝期满，重回秘书省任职。

公元846年（会昌六年），李商隐的儿子李衮师出生。

公元847年（唐宣宗大中元年），李商隐受桂管观察使郑亚邀请，到桂林任职，作《晚晴》一诗。但一年不到，郑亚被贬，李商隐因此失业，回到长安，途中写下《夜雨寄北》。

公元851年（大中五年），李商隐接受东川节度使柳仲郢的邀请，到东川出任参军一职。

公元856年（大中十年），柳仲郢升职回京上任，李商隐随他回京，其后前往江南出任盐铁推官。

公元858年（大中十二年），李商隐主动请辞归家，创作了经典名篇《锦瑟》。后于此年去世，终年四十六岁。

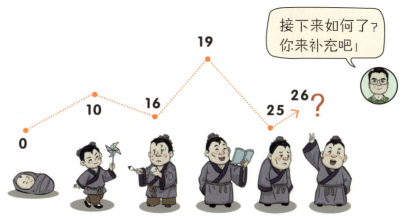

少年天才，却早早肩负家庭重担；空有赤子之心，却难为官场尔虞我诈所容；天下动荡，爱妻早亡，自己也在四十六岁英年早逝。李商隐的一生，浓缩了无数场大大小小的悲剧，而正是这些悲剧，才打磨出了这样一个集坚韧、真诚、浪漫等美好品质于一身的闪光的灵魂。

过日子的时候没觉得有多苦，现在这么一看我也太惨了吧！

"生活虐我千百遍，我待生活如初恋"，或许李商隐都想把说出这句话的人引为知己吧。你看，他十岁就成为全家的顶梁柱，要做苦力活赚钱养家；成年后科举屡战屡败，倒不是因为才华不足，主要是因为考官看不惯他，你说这气人不？

万万没想到，我还能走励志路线！

而且李商隐一辈子也没当过几次正经官，反而迫于无奈，将大好的青春蹉跎在别人的幕府里。好不容易做上正经官员，却不是被贬，就是受不了官场的尔虞我诈，再或者不得不回家丁忧。好不容易得到重用，可那时，已到他人生的暮年。

不过，李商隐可不是那种自己过得不好就见不得别人好的人噢！恰恰相反，在堪称遍布苦难的一生中，他始终保持着一颗珍贵的赤子之心。

赤子之心

　　在面对无论是柳枝、宋华阳还是妻子王氏时，他都给予毫无保留的真心与浪漫。妻子离世后，他也不再续弦。

　　在面对自己的每一位好友时，他都是真诚的。在友人需要的时候，李商隐从来不遗余力。

　　在明明无法独善己身时，他仍旧心怀天下，不仅在任时一心为民，还把藩镇割据、宦官专权、皇族的奢侈糜烂与百姓的穷苦艰难都写进了自己的诗中。

世人皆知李商隐诗风秾丽优美，是"情诗之王"，但这个冷知识你知道吗？他有六百首左右的诗歌流传至今，其中铿锵有力的政治讽刺诗占比近六分之一呢！

爱 民 己 诚

没错！不要忘记好好关怀自己！

　　如果只从一个晚唐读书人的角度来看，李商隐的一生中有诸多苦难与遗憾，无疑是失败的。他前半生的追求是通过做官来实现自己的政治抱负，可是他的仕途却成了牛李党争的牺牲品。但纵观诗坛，惊才绝艳、冠绝晚唐的李商隐却令无数后人心服口服地说出："晚唐有您了不起！"他的诗也将唐代诗歌推向了又一个新的高峰。

　　李商隐作诗不仅十分高产，而且能驾驭各种诗歌题材。

　　他的政治讽刺诗与咏史诗，关切政治时局与民间疾苦，用词言简意赅又严厉辛辣，每每教人读了直呼"精妙"！其中大家耳熟能详的有《贾生》《马嵬二首》《龙池》等。

　　他的咏物诗与抒情诗获得后世学者"继承杜甫诗风"的高度肯定，如《安定城楼》和《乐游原》，文字质朴却难掩所抒之情的厚重。

他的应酬交往诗也别具一格，虽说是用来"走人情"的"工具诗"，但比起其他诗也丝毫不输文采。

而他的感情诗，辞藻秾丽华美，用典隐晦迷离，倾注了李商隐最多的心血，获得了后世最多的关注与喜爱，尤其是《无题》《锦瑟》等诗，字字珠玑，令人拍案叫绝。

李商隐在诗歌创作方面有一个人尽皆知的最大爱好，没错，就是用典，尤其是在他的感情诗中。如果将他的一首诗看作一个人，那么典故就是不可或缺的骨架。比如《锦瑟》一诗中，颔联颈联共四小句，句句含典，可谓是将朦胧与凄美发挥到了极致啊！

在古代，一般没有高水平文学积累的人是无法读懂李商隐的感情诗的，我们现在欣赏他的诗，也是基本要看前人流传下来的注释才能理解。

总的来说，李商隐的诗风就是秾丽而不失沉郁，摇曳而不失厚重，深情与经典巧妙结合，达到了一种完美且不可复制的平衡。

后世曾有无数诗人想要模仿他的风格，却往往难得章法、有形无神。而且，别说是模仿风格了，就是为李商隐的诗做些注释都是个相当不简单的活儿呀！金元时期的文学家元好问说："诗家总爱西昆好，独恨无人作郑笺。"意思就是，咱都知道李商隐作的诗好，但就是没人能为他的诗做精细的注释啊！

哥不在江湖，江湖却始终流传着哥的传说！

　　纵观李商隐这一生，虽然仕途不顺，但是能赏识他的才华、欣赏他的诗文的"知音"却大有人在。尤其令人印象深刻的应该就是白居易了，毕竟他可是欣赏李商隐到了"我死后，得为尔儿足矣"的地步呢！当然，这主要是白居易的戏言。

　　除此之外，李商隐的诗歌更是广受当时的达官贵人喜爱，时常有贵族邀请李商隐到自家府上参加宴饮或者诗会。

当然，后世文人也对李商隐有很高的评价。后晋刘昫（xù）等编撰的《旧唐书》中说道："（李商隐）与太原温庭筠、南郡段成式齐名，时号'三十六'。"李商隐、温庭筠、段成式皆排行第十六，而诗文风格相近，世称"三十六"。

北宋时的王安石也是李商隐的忠实"粉丝"，他曾说李商隐的诗"虽老杜无以过也"，意思就是：李商隐的诗文达到了哪怕是杜甫也不能超过的水平！这是什么级别的赞美呀！

清初的诗论家叶燮（xiè）曾说："宋人七绝，大约学杜（甫）者什六七，学李商隐者什三四。"这是因为北宋初期有几个人效仿李商隐的文风写诗词，被称为"西昆体"，风靡一时。但是很遗憾，他们没有学到李商隐的精髓，所以很快就沉寂了，成就非常有限。

也许这就是"顶级的才华就是最有效的防伪码"的最佳诠释吧！

听说有人模仿我的风格？哥的精彩，你模仿不来！

直到清初，李商隐的诗集才有了第一份完整注本，那就是朱鹤龄在前人注释的基础上经过删改增补后完成的《李义山诗集注》。看来李商隐的典故们还真是劝退了不少人呀！

即便在朱鹤龄之后又有许多文人学者为李诗不断考据，现在的我们也只能说是大致了解了每个典故的意思，但是对很多诗的含义，却至今无法下定论。

不过，也许正是这份不可解的玄妙，才是真正的李商隐诗歌的独特魅力吧！

最后，说说李商隐对咱们现代人的影响吧。最直观的数据就是《唐诗三百首》中的李商隐诗歌含量啦！据统计，李商隐有24首诗被收入《唐诗三百首》，在数量上排名第四。

当然啦，李商隐也有许多首诗被收入中小学生语文教材，广大学生的语文学习生涯可是有李商隐全程相随的呢。

感谢大家的喜爱！

或许你从前读过李商隐的诗，那个时候，你和他只是擦身而过，但看到这里，你已经陪伴李商隐走了一遍他的一生啦！

现在你心里的李商隐形象，是否更加立体、有血有肉了呢？